민주주의, 통일에 말 걸기

성 장 환

교육과학사

책머리에

우리나라에는 해방과 함께 민주주의라는 낯선 이념과 제도가 이식되었다. 서구의 민주국가와는 전통과 여건이 달랐던 우리나라에서 민주주의가 순조롭게 피어날 수 없었다. 4.19혁명, 5.18민주화운동, 6.10항쟁 등 값비싼 대가를 치른 후에야 겨우 민주주의가 공고화되기 시작했다. 지금까지 우리의 민주주의에 대해 평가해보면, 제도 수준에서는 서구 민주국가의 그것에 근접할 정도로 많이 개선되었다. 하지만 의식 수준에서는 아직도 가야 할 길이 멀기만 하다.

한편, 과거 권위주의 정권기에는 대통령선거가 실시될 때마다 안보와 관련한 통일문제가 후보자의 당락을 결정짓는 주요 변수로 작용했다. 선거에서는 후보자의 인물과 정당, 정책 등을 기준으로 정권 담당자가 결정되는 것이 일반적이다. 그런데도 우리의 선거에서는 오히려 안보 중심의 통일문제가 더 중요한 이슈로 부각되어 후보자 결정요인이 된 사례가 적지 않았다.

우리가 민주주의를 발전시키고 통일을 이루고자 하는 목적은 인간답게 그리고 행복한 삶을 누리기 위함이다. 그렇다면 이제 더 이상 통일문제가 우리의 선거과정과 결과를 왜곡하도록 허용되어서는 안 될 것이다. 나아가 우리 모두는 민주주의를 한걸음씩 진전시키면서 통일을 위한 꾸준한 준비를 해야 한다.

이러한 문제의식을 바탕으로 이 책은 크게 민주주의와 통일이라는 두 주제를 다루고 있다. 이 책의 집필 의도는 민주주의와 통일이라는 큰 주제를 한 권의 책으로 아우르면서 이들 주제의 다양한 측면을 논의해 보는 것이었다.

그러나 막상 집필과정에서 민주주의와 통일 관련 사항을 짜임새 있게 연결하기는 쉽지 않았다. 그러다 보니 민주주의와 통일문제가 따로 전개되고 있다는 느낌이 든다. 그리고 이 책에서 다루고 있는 소주제들이 민주주의와 통일이라는 큰 주제를 모두 담아내지 못하고 있는 것 같다. 또한 여러 소주제를 다루는 과정에서도 내용적으로 부족한 부분이 있을 것이다. 이러한 점들은 이 책이 가지고 있는 한계라고 할 수 있다.

그럼에도 이 책에서 다루고 있는 20가지 주제는 민주주의와 통일문제에 관한 독자들의 이해를 돕고, 나아가 우리 민주주의의 발전과 통일의 초석을 놓는 데 작은 보탬이 될 수 있으리라 여겨진다.

이 책은 2개의 부로 구성되어 있다. 먼저 제1부 민주주의에서는, 민주주의의 의미와 원리, 정당과 선거, 정부형태, 국제정치를 설명하는 시각, 민주주의와 포스트모더니즘, 우리 민주주의의 흐름과 과제, 그리고 대의제 민주주의의 한계와 광장민주주의 등에 관해 논의하고 있다. 이들 소주제는 민주주의의 여러 요소와 내용을 이해하는 데 필요한 것이다. 또한 다문화주의와 우리 이민정책,

북한이탈주민 등에 대해서도 살펴보고 있다. 다문화관련 주제는 우리의 민주주의 수준을 가늠하는 하나의 척도가 될 수 있다고 생각했기 때문이다.

다음으로 제2부 통일 부분에서는, 통일의 의미, 남북한 정권의 성립, 한국전쟁, 통일정책과 통일교육, 국제질서와 주변 강대국의 한반도 정책, 분단국의 통일사례, 개성공단 문제, 북한이해의 시각과 북한체제의 특징 등을 다루고 있다. 통일과 관련한 다양한 주제를 살펴보는 것은 미래의 통일한국을 위해 나름의 의미가 있다고 본다.

아무쪼록 이 책이 민주주의와 통일문제에 관심을 갖고 있는 대학생들뿐만 아니라 일반 독자들에게 조금이라도 이해의 폭을 넓히는 데 도움이 되기를 바란다.

이 책이 나오기까지 많은 수고와 조언을 해준 경북대 김영하 교수와 대구교육대 박영규, 정재요 선생에게 감사를 드린다. 그리고 어려운 여건에서도 기꺼이 출판해주신 교육과학사 여러분께도 감사의 말씀을 드린다. 끝으로 언제나 마음으로 격려와 용기를 주시는 아버지와 하늘나라로 먼저 가신 어머니, 그리고 좋은 비평가인 아내와 함께 이 책의 출판 기쁨을 나누고 싶다.

2017년 1월
성 장 환

Contents

Part_ Ⅱ

통일

Part_ I
민주주의

1. 민주주의란 무엇인가
2. 민주주의의 원리: 관용, 자율, 권력분립, 다수결
3. 민주주의와 제도적 메커니즘: 정당, 선거
4. 민주주의와 정부형태: 대통령중심제, 의원내각제, 이원집정부제
5. 민주주의와 국제정치: 이상주의, 현실주의, 자유주의, 구성주의
6. 민주주의, 포스트모더니즘과의 만남
7. 대의제 민주주의의 한계와 광장민주주의
8. 한국 민주주의의 흐름과 과제
9. 다문화주의와 한국의 이민정책
10. 다문화사회로의 진전과 북한이탈주민

1. 민주주의란 무엇인가

해방 이래 지금까지 우리나라는 민주주의와 공존해 왔다고 해도 과언이 아니다. 그래서인지 여기에서 민주주의가 무엇인가에 대해 논의하는 것이 진부한 감이 든다. 이 바쁘고 경쟁 심한 사회에서 민주주의가 어떤 것인지 따져봐야 실익이 얼마나 있을까 의문스럽기도 하다.

하지만 민주주의를 이해하는 것은 매우 중요하다. 민주주의가 무엇이며 우리 사회의 민주주의가 어느 수준에 와 있는지 알아보는 것은, 우리 사회에 비민주적 · 반민주적 권력이 들어서는 것을 막고 국민이 자유롭고 공평한 삶을 누리는 데 큰 역할을 할 수 있기 때문이다.

알다시피 우리의 민주주의는 해방과 동시에 미국으로부터 이식되었다. 국력이 약했다는 것 외엔 죄가 없었던 우리나라에 아무런 준비없이 이식된 민주주의가 무럭무럭 자랄 수는 없었다. 민주주의가 무엇인지 알지도 못한 채 우리 사회에 민주주의라는 것이 불쑥 똬리를 틀었던 것이다.

지금까지 민주주의를 유지해 오는 데 무수한 어려움과 위기가 있었지만 그래도 남한이 일당독재주의가 아닌 민주주의를 이식받은 것은 행운이라고 생각한다. 보다 나은 삶과 미래를 위해 민주주의의 의미와 역사를 살펴보는 것은 지금의 시점에서도 가치가 있다.

1) 민주주의의 의미와 역사

민주주의를 뜻하는 democracy는 국민을 의미하는 demos와 지배를 뜻하는 kratos가 합쳐진 말로서, 국민의 지배를 의미한다. 권력을 한사람이 가지고 통치하는 군주정치(monarchy)나 소수가 가지고 지배하는 귀족정치(aristocracy)와 달리, 민주주의는 다수 국민이 권력을 가지고 통치하는 것을 말한다.

그런데 고대 그리스의 플라톤같은 철학자는 민주주의를 가장 나쁜 정치라고 했다. 플라톤은『국가론』에서 보통사람이 지배하는 정치가 가장 잘못된 정치라고 한 반면, 철인이 지배하는 귀족정치를 가장 좋은 정치라고 했다. 플라톤이 생각하기에 보통사람은 무식하고 무지했기 때문에 국가를 올바르게 이끌어갈 수 없다고 여겼다.

근대민주주의는 17세기 영국에서 그리고 18세기 미국과 프랑스에서 절대권력자의 지배로부터 벗어나기 위한 시민투쟁의 산물이었다. 영국 청교도혁명, 미국 독립혁명 그리고 프랑스대혁명 등의 시민혁명을 통해 보통사람들이 자유와 평등을 누리며 살 수 있는 근대민주주의가 성립하게 되었다. 이들 시민혁명 가운데 대표적인 프랑스대혁명의 사례를 살펴보기로 하자.

루이 14세 지배하의 프랑스에는 성직자인 1신분, 귀족인 2신분, 그리고 상인, 노동자, 은행가 등으로 구성된 3신분, 이렇게 세 부류의 계급이 존재했다. 당시 프랑스는 유럽의 맹주 역할을 하기 위해 경쟁국들과 치열한 전쟁을 치렀으며, 북아메리카에서 영국과 식민지 쟁탈전을 벌였다. 이러한 전쟁을 위해서는 국가재정이 필요했다. 프랑스정부는 이 비용을 마련하기 위해 갖은 방법을 다 사용했다. 엄청난 전쟁비용으로 국가재정이 파탄위기에 처하자 정부는 새로운 재원을 마련하기 위해 삼부회를 소집했다.[1)]

삼부회가 소집되었으나 세금을 내야 할 3신분의 반대에 직면했다. 삼부회 내 갈등이 심화되어 3신분은 결국 1,2신분의 정통성을 무효화시키는 결의를 했다. 1789년 구체제를 와해시킨 역사적인 프랑스대혁명이 일어났다. 제3신분의 대표격인 제헌국민의회가 귀족의 특권을 폐지했다.

국민의회는 귀족이 가지고 있던 토지를, 경작하던 농노에게 주는 농업개혁을 실시했다. 이제 봉건적 토지소유제가 폐지된 것이다. 1792년 왕정이 폐지되고 공화정이 성립되었다. 이후 프랑스에는 로베스피에르를 중심으로 한 세력이 피비린내 나는 공포정치를 실시했다. 이어 나폴레옹이라는 군인출신 정치가가 국민투표에 의해 황제로 선출되었다.[2)]

한편, 혁명을 주도한 부르주아세력은 구체제와의 투쟁에서 승리하기 위해 소작농, 도시노동자 등의 민중을 이용했다. 1830년의 7월 혁명, 1848년의 2월 혁명, 그리고 1871년의 파리 코뮌 등을 경험하면서 민중이 프랑스를 이끄는 주체로 등장했다. 노동자중심의 파리 코뮌정부는 성공하지 못했다. 하지만 이러한 어려운 과정을 거치면서 프랑스는 다수 민중의 뜻에 따라 정치가 이루어지는 민

주주의국가로 바뀌게 되었다.[3)]

이제 재산과 교양이라는 기준으로 정치참여 가능 여부를 결정하던 시기를 넘어 보통사람의 지배가 보장되는 국가가 되었다. 보통사람도 열심히 노력하면 정치에 참여할 수 있었고 경제적 부를 누릴 수 있게 되었다.

20세기가 되자 서구 국가들은 다수 국민이 정치에 참여할 수 있는 민주주의국가로 발전되었다. 남자뿐만 아니라 여자에게도 선거권을 부여하는 국가가 늘어났다. 어떤 인종이나 민족인가를 불문하고 국가의 국민이라면 정치에 참여할 수 있는 기회가 보장되었다.

위에서 민주주의의 의미와 역사를 간략히 살펴보았다. 이제 민주주의의 의미를 보다 심층적으로 이해하기 위해 민주주의가 내포하고 있는 몇 가지 개념을 구체적으로 검토해 보자.

첫째, 민주주의의 규범적 개념이다. 이것은 민주주의를 당위론적 측면으로 보는 것으로서, 사람이 추구해야 할 가치, 이상 혹은 이념에 초점을 맞춘 것이다. 이것은 민주주의정치를 꾸준히 발전시켜 인간이 꿈꾸고 있는 가치와 이상을 추구하고자 한다.[4)] 규범적 개념은 그리스 민주주의와 로마 공화정의 영향을 받은 고전적 개념으로 알려져 있다.

둘째, 경험적 개념이다. 이것은 정치제도와 구조와 같은 정치현실을 중시하는 현실주의적 입장을 강조하는 개념이다. 민주주의정치가 실질적으로 어떻게 운영되고 실천되고 있는지를 확인해 보는 것으로, 관찰가능한 정치제도와 구조 그리고 절차 등을 중시하고 있다. 다시 말해, 실제로 정치사회 내에서 살고 있는 국민의 생활양식이나 생활태도 등에 초점을 맞춘 것이다.

셋째, 규범적 · 경험적 개념이다. 이것은 위의 두 개념을 절충한 것이다. 이상과 현실, 가치와 사실 등은 상호 분리될 수 없는 것이므로 어느 하나를 지나치게 강조하는 것은 민주주의를 바로 이해하지 못하는 것이라고 생각해 나온 개념이다.

민주주의가 사람이 추구해야 할 이상과 가치만 중시하다 보면 현실정치를 무시하게 된다. 마찬가지로 민주주의를 경험과 관찰을 통해서만 바라볼 때 추구해야 할 이상과 가치는 도외시되어 바람직한 정치적 방향을 잃어버리게 된다. 민주주의는 이러한 규범성과 현실적 경험성을 함께 가지는 개념이라는 것이다.

위의 세 가지 개념을 바탕으로 하여 민주주의를 정의해 본다면, 민주주의란 국민을 위한 정치적 가치와 이상을 추구하면서 국민 다수의 합의를 통해 정치사회의 공동문제를 해결해 나가는 이념이다.

2) 대의제 민주주의의 출현

민주주의의 시초라 할 수 있는 고대민주주의는 국민이 직접 정치에 참여하는 직접민주주의였다. 기원전 6세기 아테네에서는 민회라는 방식을 통해 직접민주주의를 실시했다. 그런데 현재 각국에서 채택하고 있는 민주주의는 스위스의 칸톤(canton)과 같이 예외적인 경우를 제외하고 대의제 민주주의이다. 민주주의의 본래 의미는 직접 국민이 지배하는 것인데, 왜 직접민주주의를 운영하지 않고 대의제 민주주의로 바뀌었을까?

가장 큰 이유를 든다면 국가가 복잡화 · 거대화되었고 인구가 급속히 늘었다는 점이다. 1750년 전후 영국에서 산업혁명이 일어나 사회가 급격히 산업화되었고 큰 도시가 형성되었다. 대도시를 중심으로 경제활동이 이루어졌으며 사회생활이 복잡하고 다양해졌다.

모든 사람이 일정한 장소에 모여 직접 현안문제를 논의하고 결정할 수 없게 되었다. 함께 모일 장소도 없을 뿐만 아니라 단순하게 논의해 결정할 수 없는 수많은 복잡한 문제가 제기되었다. 직접 참여해 문제를 해결할 수 없는 물리적 한계뿐만 아니라 사회의 현안문제를 모든 국민이 참여해 처리할 수 없게 되었다. 따라서 다수 국민이 제기한 문제를 논의해 결정할 수 있는 대표자가 필요했다.

산업혁명의 확산으로 거대 산업사회가 출현하자 이제 국민을 대표해 사회의 다양한 문제를 해결하고 국가를 이끌어가는 대의제 민주주의가 등장하게 된 것이다. 대의제 민주주의는 국민이 직접 정치에 참여하지 않기 때문에 민주주의의 본래적 의미가 약화되는 측면이 있다.

하지만 국가에 큰 일이 있을 때마다 모두가 참여하는 것은 비효율적이며, 모든 사람이 정치에 직접 참여하는 것이 현실적으로 불가능하다. 이것은 사회의 변화로 인한 어쩔 수 없는 현상이다. 그래서 국민은 선거라는 장치를 통해 대표자를 선출하여 이들에게 대신

국정을 담당하게 하고 있다. 이렇게 함으로써 국민은 선거를 통해 선출한 대표자에게 정당성을 부여하여 국가의 일을 맡기게 되었다.

2. 민주주의의 원리: 관용, 자율, 권력분립, 다수결

일반적으로 민주주의의 이상으로 자유와 평등 그리고 인간존엄을 들 수 있다. 민주주의 국가에서는 모든 사람들이 평등하며 법을 위반하지 않는 한 자유롭게 살 수 있어야 하며 인권이 보장되어야 한다.

그런데 현실사회에서는 이러한 자유와 평등 그리고 인권 보장이 이루어지지 않을 때가 있다. 물론 민주주의를 채택한 국가들 중 이러한 이상이 완전히 보장되는 나라는 없다. 그럼에도 가능한 한 자유 평등 인권이 잘 보장되는 사회를 만들기 위해 노력해야 한다. 이러한 민주주의의 이상이 지켜지기 위해서는 다음과 같은 민주주의의 원리가 잘 작동될 필요[5]가 있다.

1) 관용의 원리

첫째, 관용이다. 관용이란 본인과 다른 신념, 태도, 이상, 행동 등을 가지고 있는 사람을 차별하거나 무시하지 않음을 의미한다. 관용은 자유의 개념과 관련이 있다. 자유는 국가나 다른 사람으로부터 부당한 구속이나 간섭을 받지 않음을 의미한다. 이와 더불어 관용은 다른 사람과 입장이나 생각이 다르더라도 이들을 부당하게 대우하지 않아야 함을 내포하고 있다.

관용은 본질적으로 배움, 부, 인종 혹은 종교의 차이를 떠나 모든 사람은 대등하다는 것을 전제로 하고 있다. 관용은 관용자와 관용대상자 둘 다에게 해당되지만 일반적으로 관용을 베풀 수 있는 입장에 있는 사람에게 더 필요하다.

관용과 관련된 사례를 몇 가지로 나누어 살펴보기로 하자. 첫째, 종교적 불관용의 예다. 로마시대를 배경으로 한 '십계'와 같은 영화에서 그려졌듯이, 로마 지배자의 종교와 다른 종교를 가졌다는 이유로 당시 유대인이었던 피지배자는 엄청난 박해를 당했다. 19세기 조선에서도 현신(現神)인 왕을 대신해 하늘의 신인 천주(天主)를 섬겼던 천주교도들이 박해를 받았다.

또한 중동의 아랍국들과 이스라엘과의 분쟁도 종교적 불관용이 주요 원인이었다. 최근에 와서 서유럽의 주류국민과 이민을 간 회교도와의 갈등도 같은 맥락으로 볼 수 있다. 이와 같은 종교적 불관용문제는 과거부터 지금까지 한 국가 내, 혹은 국가와 국가 사이에 첨예한 갈등을 일으키는 주요 원인으로 작용하고 있다.

둘째, 인종적 관용문제이다. 인종이란 사람의 피부색, 골격, 머리카락 등 신체적 특징을 기준으로 구분한 것이다. 인종적 관용과 연관된 예의 하나로, 남아프리카공화국의 백인지배자들의 잔악한 인종차별정책이었던 아파르트헤이드(Apartheid)[6] 사례를 들 수 있다. 1990년대 중반 만델라라는 걸출한 흑인지도자의 노력으로 공식적인 남아공의 흑백차별은 끝났지만 여전히 현실 사회에서 차별은 남아있다고 한다.

다음으로 미국의 흑백차별문제를 들 수 있다. 1950~60년대에 전개되었던 흑백차별 반대운동으로 미국은 겉으로는 인종차별적 제도나 법이 폐지되었다.

하지만 미국사회는 지금도 흑인을 포함한 유색인종에 대한 차별요소가 남아있다. 흑인을 대하는 백인경찰의 인종차별적 태도는 1992년에 발생했던 LA인종폭동 사례 이후에도 여전히 남아있다. 전체 인구 중 약 13%를 차지하는 흑인의 범죄율이 40% 정도로 나타나고 있다. 이는 흑인이 범죄를 그만큼 많이 저지른다기보다 재판의 불공정성에 더 큰 원인이 있다고 알려져 있다.

또한 동서독통일 이후 독일에서 수시로 등장하고 있는 극우주의자의 외국인테러도 그 배경에는 경제적 문제와 함께 인종주의적 불관용이 깔려있다.

셋째, 성적 불관용이다. 이것은 전통적인 남녀불평등문제와 동성애문제로 나눌 수 있다. 먼저, 남녀불평등문제를 살펴보자. 최근에 와서 이 문제는 대부분의 국가에서 많이 개선되고 있다. 하지만 특히 중동의 일부국가는 여전히 전통적인 남성위주 의식을 고수하고 있다.

다음으로, 동성애문제이다. 동성애결혼이 서구 국가에서는 제도적 · 법적으로 인정되는 추세이다. 지난 2015년에 미국 연방대법원은 동성결혼을 합헌으로 인정해 모든 주에서 동성결혼이 인정되고 있다.

그런데 서구의 다수국민은 동성연애자의 권익에 대해서는 긍정적 입장을 가지고 있으나 그것을 생활방식으로까지 용인하는 데는 인색한 편이라고 한다. 그리고 우리나라에서도 동성애에 대한 편견과 차별을 없애야 한다고 하면서 동성결혼을 인정해 달라는 소송이 제기된 적이 있다.[7)]

관용은 법적 · 제도적 측면과 생활적 측면 이렇게 두 측면으로 볼 수 있는데, 보다 성숙한 민주주의를 향유하기 위해서는 이 두 측면을 인정하는 관용의 정신이 요청된다.

2) 자율의 원리

자율은 주어진 사회적 기준 범위 안에서 다른 사람의 구속을 받지않고 자기가 가진 원칙을 지키는 것을 의미한다. 자율은 아무런 구속없이 자기의 의지대로 생각하고 행동하는 것이나 자유와는 차이가 있다.

자율은 자기 스스로 자유롭게 말하고 행동하는 것이지만 어디까지나 사회에 주어진 기준의 범위 안에서라는 제한이 있다. 그런데 자유는 자신이 아무런 구속없이 자신의 의지대로 자유롭게 사고하고 행동하는 것을 말한다. 그래서 자율은 부분적 · 제한적 의미를 가지며, 자유는 제한없는 보편적 의미를 가진다.

예를 들어, 교수와 학생이 누려야 할 자유는 같지만 양자가 누리는 자율은 다르다. 교수의 입장에서 가지는 행위의 제한 책임과 학생의 입장에서 가지는 제한 책임은 다르다. 일반적으로 대학의 자유라고 할 때는 어느 누구도 간섭하거나 구속할 수 없는 대학의 본질적 자유를 의미한다.[8] 자율의 의미를 이해하면서 생활해 나갈 때 헌법에서 보장하고 있는 자유를 보다 더 많이 누릴 수 있다.

3) 권력분립의 원리

권력분립은 권력의 남용과 부패를 방지하기 위한 장치로 등장했다. 권력분립은 권력을 입법, 사법, 행정 세 요소로 구분하여, 이 세 요소 간 견제와 균형을 통해 권력의 부패와 남용을 막는 장치이다. 역사적으로 볼 때 로크의 이권분립론을 거쳐 몽테스키외의 삼권분립론[9]을 통해 현대의 권력분립이 정착되었다.

이러한 고전적 권력분립론은 한편으로 의원내각제 형성과 발전에, 다른 한편으로 대통령중심제의 형성과 발전에 영향을 끼쳤다. 그런데 현재 대다수 국가에서는 이 세 요소 가운데 행정부가 상대적으로 강화되는 현상을 나타내고 있다. 행정권이 사법권 · 입법권보다 강화되는 것은 민주주의 기본원칙에 어긋나는 측면이 있다. 하지만 소득양극화문제, 실업문제, 환경문제 등 다양한 대내외적 현안문제를 해결하기 위해서 행정권의 확대가 요구되고 있는 것이 현실이다.[10]

4) 다수결 원리

다수결 원리는 어떤 사안을 다수의 의사에 따라 결정하는 것으로서, 서로 다른 의견을 결집시키는 민주적 의사결정 방법이다. 다수결은 대의제 민주주의 하에서 국민의 의사를 확인할 수 있는 중요한 방법 중 하나이다.

민주주의사회에서 국민은 어떤 문제에 대해 누구나 자기 나름의 생각을 표현할 수 있다. 그런데 어떤 문제를 결정하는데 개개인이 자신의 의견만 주장하고 다른 사람의 의견을 무시한다면 어떻게 처리해야 할지 난감하게 된다. 그래서 문제에 대해 충분한 논의를 거친 후 구성원의 다수의사로 결정하는 것이 합당하다.

다수결은 여러 의사결정 방식 가운데 그래도 단점이 적은 방법이다. 그럼에도 다수결이 공정성과 형평성 그리고 보편성을 갖기 위해서는 다음과 같은 몇 가지 사항이 지켜져야 한다.

첫째로, 자유롭고 충분한 토론이 보장되어야 한다. 어떤 문제를 결정하는데 있어 개개인의 자유로운 의견을 충분히 표출할 수 있는 기회가 보장되어야 한다. 이러한 논의과정을 통해 설득과 양보를 이끌어낼 수 있으며, 이를 통해 다수의사가 정당성을 가질 수 있다.

둘째로, 구체적, 현실적, 공통의 문제를 대상으로 하는 것이어야 한다. 결정해야 하는 사안이 너무 추상적이거나 이념적인 경우 다수의 의사가 왜곡되거나 잘못 결정될 수 있다. 또한 다수 구성원의 공통 문제가 아닌 소수에게 해당되는 사안인 경우, 그 결정이 큰 효력을 발휘하지 못할 수 있다. 특히 개인의 신념문제는 다수의 의사에 따라 결정될 사안이 아니다.[11)]

이러한 문제는 충분한 토론을 거쳐 서로의 입장을 확인하면서 타협·양보해 가는 선에서 머물러야지 이를 찬반투표를 한다거나 다수결로 결정해서는 곤란하다.

셋째로, 다수결과정을 거쳐 이루어진 결정은 그 과정에 참여한 모든 구성원들이 따라야 한다. 자유롭고 충분한 토론을 거쳐 결정된 사안에 대해서는 그 결정에 찬성하지 않았던 구성원들도 그 결정을 존중해야 한다. 소수파가 다수의 결정에 불만을 가지고 이를 무시해 버린다면 다수결 원리 자체를 무의미하게 만들어버리는 것이다.

다수결과 관련하여 최근 집단지성이라는 말이 유행하고 있다. 집단지성은 개개인의 선택을 종합한 것이지 군중의 동시적인 동일한 입장이 아니다. 주체적이고 독립적인 개인이 스스로 선택을 하고 그 결과들이 모여진 것이 집단지성이다.

집단지성은 군중심리와는 다르다. 국민 개개인이 주체적인 생각을 하지 않고 집단에 의존해 버리는 것은 집단지성이 아니라 군중심리이다. 다수결은 군중심리가 아닌 집단지성에 바탕을 두어야 한다.

3. 민주주의와 제도적 메커니즘: 정당, 선거

민주주의정치는 정당정치라고 한다. 민주주의를 유지하고 발전시키는데 정당이 중요한 역할을 한다는 의미이다. 또한 민주주의국가에서는 선거를 통해 선출된 정당의 후보가 정당성을 갖고 국정을 이끌어 나간다.

복수정당의 존재와 민주적인 선거운영은 한 국가의 민주주의 수준을 가늠하는 중요한 잣대가 된다. 국정을 담당할 정치지도자를 선출하는 데 있어 민주주의국가라면 보통선거, 직접선거, 평등선거, 비밀선거 등은 당연히 인정되어야 한다.

그런데 우리나라에서 선거의 민주성과 공정성이 인정된 시기는 1987년 6월 항쟁의 힘으로 개정된 9차 헌법 때부터였다. 이 헌법에 따라 실시된 선거는 우리나라 민주주의를 한 단계 발전시키는 출발점이 되었다.

1) 정당

우리나라에서 정당을 중요한 연구대상으로 인식하게 된 것은 선거를 통한 정권교체가 현실화되면서부터였다. 1990년대에 와서 민주주의의 공고화가 어느 정도 이루어지고 또 정권교체의 가능성이 커지자 정당에 대한 관심이 이전보다 크게 높아지게 되었다.

1990년의 독일통일과 1991년의 소련붕괴 등 냉전체제가 끝남에 따라 동유럽 공산국가들에서 민주화가 진행되었다. 이들 국가에서 일당독재체제가 무너지자 자유롭게 여러 정당이 설립되었다. 직접 선거를 통해 정치지도자를 선출하는 방식으로 바뀌었다.

그런데 일부 민주주의국가에서 한편, 정당이 민주적으로 발전하고 그 역할이 점점 중요하게 인식되고 있지만 다른 한편, 정당에 대한 비판이나 실망감도 커지고 있다. 정당지도자 충원과정의 비민주성, 국민의 의견수렴 및 반영의 미흡함, 이에 따른 사회단체의 영향력 확대, 그리고 정당의 부패 등으로 인해 정당정치가 위기를 맞고 있다. 우리나라의 정당도 마찬가지이다.

선거에서 정당의 후보를 정치지도자로 선출하는 목적은 국민의 요구와 바람을 적극적으로 수렴하여 국정에 반영하도록 하기 위함이다. 그렇지만 이들이 당선된 후에는 국민의 의사를 경시하거나 무시하고, 주로 소속 정당이나 개인의 이익을 대변하는 사례를 많이 볼 수 있다.

그럼에도 대의제 민주주의국가에서 정당의 존재를 외면하면서 정치를 논하기는 어렵다. 아래에서 살펴보겠지만, 정치지도자를 충원하고 국민의 요구를 수렴해 갈등을 줄이고 해결하는 정당의 존재는 민주주의국가라면 당연히 필요하고 중요하다.

가) 정당의 개념

정당은 선거를 통해 경쟁하는 주체이다. 선거제도는 선거경쟁을 공정하게 운영하기 위한 규칙이다. 선거후보자에게 공평하게 적용되는 선거제도가 마련되어야 한다. 그래야 선거를 통해 선출된 사람이 그 직을 수행할 수 있는 정당성을 가질 수 있다. 공직자를 뽑는 선거제도는 선거에 참여하는 모든 경쟁자에게 공평하게 적용되고 운영되어야 한다.

대의제 민주주의 하에서는 대통령이나 국회의원 등 선거에서 선출된 사람이 국민의 의사를 대변한다. 이들 대표자가 국민의 뜻을 수렴해 국정에 반영하면서 나라를 이끌어간다. 국민이 원하고 바라는 것이 여론으로 나타난다. 여론을 결집시키고 조직화시키는 주체가 바로 정당이다.

국민의 대표가 되어 국정을 이끌어가고자 하는 사람은 선거에 나서야 한다. 선거에 출마하는 사람은 정당과 무관하게 무소속으로 입후보할 수 있으나, 일반적으로 후보자는 일정한 조직을 통해 선거에 참여한다. 이념과 생각이 비슷한 사람끼리 모임을 만들어 그들이 추구하는 바를 밝히고 이를 통해 정치권력을 획득하고자 하는 조직이 생겨나게 되었다. 이처럼 전국적 연결망을 가진 정치조직이 만들어지는데 이것을 정당이라고 한다.

선거과정을 통해 정당조직이 확대 · 강화된다. 정당은 이제 선거과정에서 핵심적 역할을 수행하는 주체가 되었다. 선거에서 정당후보자의 정견이나 정책 제시는 후보 개인의 공약일 뿐만 아니라 소속정당의 공약이라 할 수 있다.

근대정당은 선거를 통한 정치지도자의 충원, 선거권의 확대, 언론의 자유 및 집회 · 결사의 자유 등 대의제 민주주의를 뒷받침하는 여러 요소와 더불어 발전하였다.

정당의 본래 의미는 라틴어의 'pars', 즉 '일부분'이라는 말에서 나온 것이다. 그래서 어원상으로 보면 정당은 '전체 안의 일부'라는 뜻을 가지고 있다[12]고 한다. 따라서 정당이 하나뿐인 국가에는 그 정당이 사실상 전체이므로 진정한 의미의 정당이 존재한다고 할 수 없다.

정당이라는 개념을 몇 가지로 나누어 정리해 보면 다음과 같다. 첫째, 정당은 부분적 조직이다. 정치적 신념이나 의견에 따라 그에 맞는 여러 정당이 만들어지게 된다. 둘째, 자주적 · 계속적 조직이다. 정당은 특정한 정치권력의 자의적 힘에 의해서가 아니라 국민의 자유의사에 따라 자주적으로 만들어진 조직이다. 선거 시기에 한시적으로 결성된 조직이 아니라 계속적으로 유지되는 조직이다. 셋째, 정당은 선거에 이겨 정권을 잡아 공약을 실현하는 조직이다. 정당은 국민의 지지를 얻기 위해 공약을 제시하고, 정권을 잡은 정당은 공약실현을 위해 최선의 노력을 다해야 한다.[13]

정리하자면, 정당은 비슷한 정치적 이념과 생각을 가진 사람들이 모여 자주적 · 계속적으로 활동하면서 정치권력을 획득하기 위해 공약을 실현시키고자 하는 정치조직이라고 정의할 수 있다.

현재 민주주의국가에는 다양한 정당이 존재하고 있다. 이들 정당이 가지고 있는 이념이나 정강은 서로 다르지만 수행하고 있는 기능은 유사하다. 정당이 수행하고 있는 기능을 순기능과 역기능으로 나누어 살펴보고자 한다.

나) 정당의 기능

먼저 정당의 순기능으로 ① 정치권력에 대한 정당성 부여, ② 정치적 충원, ③ 사회적 갈등의 조정, ④ 정치사회화, ⑤ 정치참여 기회의 확대[14] 등을 들 수 있다. 이러한 순기능을 좀 더 자세히 알아보기로 한다.

첫째, 정당은 정치권력에 정당성을 부여하는 기능을 가진다. 선거에서 승리한 정당후보자가 정권을 잡고 일정 기간 정부를 운영하게 된다. 집권한 정당은 선거과정을 통해 정부의 정당성이 확보되며 국민의 주권을 위임받게 된다. 선거에서 정당성을 확보하기 위해서는 자유로운 정당 활동이 인정되고 자유롭고 공정한 선거과정이 보장되어야 한다. 그렇지 않을 경우 정당성 확보가 어렵게 된다.

예를 들어보자. 우리나라에서 1980년대 중반까지 권위주의정부 때의 정치지도자는 정당성을 거의 확보하지 못했다. 그 주요 원인은 국민의 지지를 얻어 대통령으로 선출되었음에도 자유로운 정당 활동과 선거과정이 보장되지 않았기 때문이다. 국민들이 형식적으로는 정치권력을 인정했지만 실질적으로는 정당성있는 정치권력임을 승복하지 않았기 때문이다.

둘째, 정당의 정치적 충원기능을 들 수 있다. 정당은 유능한 정치지도자를 양성하여 공직을 담당할 인재를 충원한다. 정당이 선택한 대통령 후보나 국회의원 후보를 선거에 나서게 하여 유권자의 심판을 받게 한다. 선거를 통해 당선된 후보자는 정치지도자의 지위를 가지게 된다. 정당 외에 학교나 시민단체에서도 정치지도자를 양성하는 기능을 일부 수행하고 있으나, 직접적으로 정치를 담당할 인재를 양성하고 충원하는 데는 정당이 가장 적합하다고 여겨진다.

셋째, 사회적 갈등을 수렴하고 조정하는 기능을 한다. 사회가 다원화되고 다양화됨에 따라 집단, 계층, 지역 등을 둘러싸고 여러 가지 문제나 갈등이 나타나게 된다. 이러한 갈등은 특히 선거과정을 통해 표출된다. 여러 문제나 갈등이 드러남으로써 국민이 무엇을 원하는지 그리고 어떤 점에 관심을 갖는지 알 수 있다. 정당은 선거과정을 통해 여러 계층이나 집단에서 표출되는 갈등을 적절히 수렴하고 조정하는 기능을 한다.

넷째, 정당의 정치사회화기능을 들 수 있다. 사회화란 사회구성원이 그 사회에 잘 적응해 생활할 수 있도록 살아가는 방법을 익히게 하는 것을 말한다. 정당은 여러 가지 정치적 활동을 하면서 정치지도자나 정부가 어떤 일을 하는지를 국민이 알 수 있게 한다. 특히 선거과정을 통해 국민은 실제로 정치가 무엇인지, 정당후보는 어떻게 선출되는지 그리고 국민의 여론이 어떻게 반영되는지 등을 정당을 통해 배우게 된다.

다섯째, 정치참여 기회의 확대기능이다. 일반적으로 정치사회화 수준이 높으면 국민의 정치참여도가 높다. 정당은 정치사회화를 통해 국민의 정치이해도를 확장시키며, 이와 함께 정치참여도를 높인다. 또한 국민이 직접 정당활동에 참여하지 않더라도, 정당은 보다 많은 사람이 투표라는 중요한 정치참여 기회에 동참하도록 독려한다.

다음으로 정당의 역기능으로 ① 정당의 과두화, ② 정당의 관료화, ③ 선거과정의 독점화, ④ 정당의 내부문제[15] 등을 들 수 있다. 이를 간략히 살펴보면 다음과 같다.

첫째, 정당의 과두화 문제이다. 정당에는 다수의 당원과 소수의 정당지도자가 존재한다. 일부 정당지도자가 정당의 중요한 의사결정을 좌지우지하기 때문에 정당이 과두화되는 경향이 있다. 그래서 정당이 보스(boss) 중심으로 운영되는 경우가 많으며, 따라서 정당운영이 비민주적으로 이루어질 때가 많다.

둘째, 정당의 관료화 문제이다. 정당이 국민의 의사를 적절히 수렴하지 않고 독단적으로 정책결정을 할 때가 있다. 또한 행정부와 사법부에 대해서도 정당이 오만한 태도를 보이는 경우도 있다. 이는 정당이 관료화되어 국민에게 봉사하는 정당이 아니라 국민을 지배하는 정당으로 변했기 때문이다.

셋째, 선거과정의 독점화 문제이다. 선거과정에서 기존정당끼리의 협의를 통해 무소속후보에게 불리한 규정이나 규칙을 만들어, 정당후보에게 유리하도록 일종의 진입장벽 장치를 마련할 때가 있다.

넷째, 정당의 내부문제이다. 당권을 장악하기 위해 당권파와 비당권파 간에 과도한 경쟁이 발생하는 경우가 있다. 이럴 때 정당은 국민을 위한 정치조직이라기보다 당권장악을 위한 패거리집단으로 전락하게 된다. 이러한 상황은 국민이 정당에 대해 불신감을 갖게 만들며, 정당정치에 대한 회의론을 불러일으키게 한다.

이어 정당에 대한 이해를 높이기 위해 정당제도에는 어떤 것이 있는지 알아보기로 한다.

다) 정당제도의 분류

정당제도는 정당의 수와 규모에 따라 일당제, 일당우위제, 양당제 그리고 다당제 등으로 구분[16)]된다.

첫째, 일당제이다. 일당제는 한 국가에 정당이 하나만 존재하거나, 여러 정당이 있다 하더라도 실질적으로는 한 정당만이 정당으로서의 역할을 하는 것을 말한다. 역사적으로 볼 때, 제2차 세계대전 이전 독일의 나치스당과 이탈리아의 파시스트당, 중국의 공산당 그리고 북한의 노동당 등이 여기에 해당된다.

이들 일당제 국가에서는 집권정당이 실질적 권력을 가지고 있어 국회는 사실상 형식적 대의기구에 불과하다. 국회의원선거의 경우에도 집권당이 거의 모든 의석을 독점하다시피 할 정도로 후보 간 실질적 경쟁은 존재하지 않는다.

일당제 국가에서는 집권당이 정부를 지배하고 있기 때문에 집권당이 곧 정부라고 해도 과언이 아니다. 이들 국가의 집권세력은 정치권이 앞서서 국민을 이끌어 나가야 국가경제를 발전시킬 수 있기 때문에 일당제를 유지해야 한다고 주장한다.

둘째, 일당우위제(혹은 패권정당제)이다. 일당우위제는 한 정당이 지배적 우위를 가지고 있지만, 다른 정당의 존재를 허용하면서 이들의 정당 활동을 어느 정도 인정하고 있는 제도를 말한다. 대체로 지배적 권력을 가지고 있는 정당은 장기간에 걸쳐 정권을 유지한다.

멕시코의 경우, 1929년에 설립된 제도혁명당의 대통령 후보가 1994년까지 한 번의 예외도 없이 대통령으로 당선되었다. 국민행동당과 같은 야당이 여러 개 있었으나 집권여당이었던 제도혁명당은 야당의 선거참여를 인정하되 이를 여당의 정통성을 강화하는데 이용하였다.

셋째, 양당제이다. 양당제는 두 개의 유력정당이 대등하게 경쟁하면서 두 정당 가운데 한 당이 독자적으로 집권하는 경우를 말한다. 대체로 두 유력정당이 번갈아가며 정권을 담당하게 된다. 여러 개의 중소정당이 존재하지만 이들의 세력은 두 거대정당과 비교해 볼 때 상당히 약하다.

일반적으로 양대 정당이 총선에서 획득하는 득표율을 합치면 90%를 넘지만, 한 정당의 득표율이 55~60%를 넘지 못한다.[17)] 대표적인 양당제 국가가 미국과 영국이다. 미국에서는 공화당과 민주당이 양대 정당으로서의 위상을 가지고 있으므로 다른 야당의 집권 가능성은 없다고 해도 틀리지 않는다. 영국에서는 노동당과 보수당 이 두 정당이 번갈아 집권하면서 양당제가 유지되고 있다.

넷째, 다당제이다. 다당제는 두 개 이상의 정당이 경쟁하면서 여러 정당후보가 국회를 구성하는 제도를 말한다. 다당제의 대표적인 국가는 프랑스, 이탈리아, 네덜란드, 스페인 등이다. 다당제는 정당의 스펙트럼이 넓기 때문에 다양한 국민의 의사를 국정에 반영할 수 있다. 하지만 군소정당이 난립할 때 정국이 불안해질 수 있다.

이제 우리나라의 정당정치에 눈을 돌려 정당정치의 문제점과 대응방안에 대해 검토해 보기로 하자.

라) 우리나라 정당정치의 문제점과 대응방안

1948년 정부수립 이후 지금까지 여러 정부를 거치면서 정당정치의 명맥이 유지되고 있다. 서유럽, 미국 등에 비해 우리의 민주주의 역사가 짧고 정치문화 수준이 성숙되지 못한 때문인지, 우리의 정당정치는 아직 여러 가지 면에서 국민의 기대에 미치지 못하고 있다.

아래에서 우리나라 정당정치의 문제점과 대응방안[18]을 함께 살펴보기로 한다.

첫째, 과도한 지역주의현상을 들 수 있다. 지역주의는 지역 간 갈등을 심화시키고 국민화합을 저해하는 요인으로 작용한다. 최근 선거과정을 보면, 국민의 후보자 선택기준이 지역을 기본으로 하면서도 이념이나 정책 등을 고려하는 방향으로 조금씩 바뀌고 있다. 이는 지역주의현상이 개선되는 조짐의 하나라고 여겨진다.

그렇지만 정치사회적 상황에 따라 지역주의바람이 강하게 불 수 있는 부분이 여전히 남아있다. 지나친 지역주의는 국민통합을 저해하며 우리의 정치발전에 걸림돌로 작용하게 된다. 따라서 정치권과 국민이 함께 지역주의현상을 방지하는 노력이 필요하다.

둘째, 정치자금 문제이다. 정당이 조직을 유지하면서 선거에 참여하려면 당연히 돈이 든다. 정책개발비, 홍보비, 인건비, 그리고 사무실 유지비 등 상당한 자금이 필요하다. 정당 활동에 필요한 비용은 원칙적으로 당비, 후원금 혹은 기탁금 등을 통해 정당 스스로 마련해야 한다.

하지만 정당스스로 모든 비용을 감당하기는 현실적으로 어렵다. 그래서 국민의 세금으로 정당에게 일정한 보조금[19]을 주는 제도를 마련해 놓고 있다. 상당한 액수의 국고보조금을 받고 있음에도 정당과 관련된 정경유착 문제, 불법자금 문제 등이 여전히 불거지고 있어 정당정치를 훼손시키고 있다. 이는 정당정치에 대한 불신감으로 이어진다. 정치자금의 투명성을 높이는 정당의 자정노력이 필요하다.

셋째, 특정 인물중심의 정당운영이다. 어느 조직이든 소수 지도자를 중심으로 운영되고 있다고 할 수 있으나, 우리의 정당은 지나치게 특정인물 중심으로 뭉쳐져 있다. 정당운영에 있어 소수 지도자의 영향력은 강력하다. 정당지도자의 주장이나 의견에 동조하지 않는 당원은 그 정당에서 살아남기 어렵다.

이러한 특정인물 중심의 정당에서는 의사결정이나 운영이 겉으로는 민주적으로 이루어지는 것 같으나 실질적으로는 비민주적으로 운영될 가능성이 크다. 정당운영이 인물중심에서 정책이나 이념중심으로 변화될 필요가 있다.

넷째, 정당의 수명문제이다. 정당은 정권획득을 위해 여러 가지 방안을 모색하고 있다. 그런데 선거에 이겨야 한다는 명분을 방패삼아 기존정당의 간판을 내리고 새 간판으로 바꾸는 사례가 너무 잦다.

위에서 지적했듯이, 정당이 특정 지도자중심으로 운영되는 경우가 많기 때문에 특정 인물의 진퇴에 따라 정당이 존재했다가 없어지곤 하는 사례가 많았다. 정당이 국민의 지지와 사랑을 꾸준히 받으려면 지금의 정당이 좀 문제가 있다고 하더라도 이를 그대로 유지하면서 쇄신과 개혁을 통해 문제를 풀어나가야 한다. 그래야 국민이 정당을 믿을 수 있으며, 정당정치를 신뢰할 수 있다.

2) 선거[20)]

선거는 국민이 가지고 있는 주권행사의 한 방법으로서, 국민을 대신하여 국정을 운영하는 대표를 투표로 선출하는 행위이다. 대한민국 헌법 제1조 2항은 "대한민국의 주권은 국민에게 있고, 모든 권력은 국민으로부터 나온다."라고 하여 국민주권 원칙을 표방하고 있다.

대의제 민주주의국가에서 국민주권을 실현하는 핵심장치가 선거이다. 주권자인 국민은 선거과정에서 투표라는 행위를 통해 정치에 직접 참여한다. 국민은 선거를 통해 국가의 정책을 결정할 대표를 선출한다.

선거과정에서 다양한 국민의 요구와 바람이 표출되며 선거를 통해 이 요구와 바람이 수렴되고 조정된다. 그래서 선거는 국민을 정치적으로 통합시킬 수 있는 중요한 수단이라 할 수 있다. 또한 선거는 정치권력의 정당성을 부여하는 기초가 된다.

국민의 의사를 국정에 고르게 반영하기 위해서 일정한 연령이 되면 모든 국민이 선거권을 가진다. 하지만 과거에는 그렇지 않았다.

고대 그리스나 로마시대에도 선거가 있었다. 물론 당시에는 일부 사람(남성 시민)에게만 선거권이 부여되었다. 자유와 평등을 주장했던 프랑스대혁명 이후에도 상당 기간 여성이나 재산이 일정기준에 미치지 못한 사람은 선거권을 가질 수 없었다.

1832년에 일정한 재산을 가진 21세 이상 남성에게 선거권을 부여하는 보통선거제가 영국에서 가장 먼저 도입되었다. 1893년에 뉴질랜드에서 여성이 최초로 남성과 동등한 선거권을 가지게 되었다. 이어 1902년에는 호주에서, 그리고 1906년 핀란드에서 여성이 선거권을 보유하게 되었다.

이후 여러 국가에서 여성이 선거권을 가지게 되었고[21], 벨기에, 프랑스, 그리스, 이탈리아 등에서는 제2차 세계대전이 끝난 1945년에 와서야 여성의 선거권이 보장되었다. 우리나라에서는 1948년에 실시된 초대 국회의원선거 때부터 남녀가 동등하게 선거권을 가지게 되었다.

정리하면, 선거는 국민의 중요한 정치참여 행위이며 국민주권을 실현하는 장치이다. 또한 선거는 국민을 대표하여 정책을 결정하고 집행하는 대표를 선출하며, 국민의 다양한 요구와 갈등을 수렴하는 정치적 통합수단이다. 선거권의 확대는 곧 민주주의의 확대와도 맥을 같이한다. 선거가 민주적으로 그리고 공정하게 이루어지는 국가는 민주주의 수준이 높은 나라라고 평가할 수 있다.

선거와 관련된 사항을 심도 있게 이해하기 위해 선거의 기능, 선거의 분류, 선거제도 등에 대해 알아볼 필요가 있다. 이들에 대해 살펴보기로 한다.

가) 선거의 기능

선거의 기능은 국가가 처해 있는 정치체제에 따라 다르다. 여기에서는 민주주의국가에서 이루어지는 자유로운 경쟁선거를 중심으로 선거의 기능을 살펴보기로 한다.

첫째, 선거는 대표를 선출하는 기능을 가지고 있다. 선거의 기능 중 가장 기본적 기능으로서, 선거는 법에 규정된 국회의원이나 대통령 등을 선출한다. 선출된 대표는 국가운영에 필요한 기구를 조직할 수 있는 권한을 가지게 된다.

둘째, 선거는 선출된 대표에게 정당성을 부여하는 기능을 가지고 있다. 선거과정에서 승리한 대표는 권력을 갖는데 합당한 정당성을 보유하게 되며, 이를 통해 권력을 정당하게 행사할 권한을 가지게 된다.

셋째, 선거는 정치적 통합기능을 가지고 있다. 선거는 다양한 국민의 요구와 바람을 수렴하는 과정이므로 국민들에게 선거결과를 받아들이게 한다. 이를 통해 여러 이해관계로 인한 갈등과 대립을 조정하고 해결하는 정치적 통합기능을 수행한다. 다수결원칙에 따라 선거에서 승리한 대표가 정책을 수행할 수 있는 권한을 가지게 되며, 합법적으로 사회 내 존재하고 있는 갈등과 대립을 줄이고 해결할 수 있게 한다.

넷째, 선거는 정치적 참여기능을 가지고 있다. 국민은 선거를 통해 직접 정치에 참여할 수 있는 기회를 가진다. 국민이 선거에 참여함으로써 국민됨을 경험하게 되며, 이는 국민의 주권의식을 높이는 작용을 한다.

나) 선거의 분류

선거는 목적과 방식을 기준으로 다음과 같이 구분된다. 먼저 선거의 목적에 따른 분류이다.

첫째, 총선거이다. 이것은 의원의 임기가 끝났거나 국회가 해산된 경우에 실시되는 선거를 말한다. 대부분의 국가에서 총선거를 통해 모든 국회의원이 새로 선출되지만, 몇몇 국가에서는 전체 의원 가운데 일부가 교체된다.

뉴질랜드와 한국에서는 총선거를 통해 의원 전원이 새로 선출된다. 한편, 미국 상원과 일본 참의원의 경우는 총선거를 통해 의원 일부가 교체된다. 미국 상원의 임기는 6년인데 2년마다 의원 1/3이 교체된다. 일본 참의원의 임기는 6년이며, 3년마다 의원 1/2

이 교체된다.

둘째, 재선거이다. 일반적으로 재선거는 절차상의 하자 등으로 인한 선거무효, 임기개시 전에 어떤 사유로 당선자가 그 직을 수행할 수 없을 때, 그리고 임기개시 전에 당선 무효가 확정된 때 실시하는 선거를 말한다.

셋째, 보궐선거이다. 보궐선거는 임기개시 후 의원직을 상실하거나 그 직을 사퇴 또는 사망하여 수행할 수 없게 되는 경우에 실시되는 선거를 말한다.

대체로 다수대표제를 채택하는 국가에서는 보궐선거를 실시하지만, 소수대표제를 채택하는 국가에서는 보궐선거를 실시하지 않고 이러한 상황에 대비해 '대리인'을 총선거 때 선출해 두는 경우도 있다.[22]

다음으로 선거의 방식에 따른 분류이다.

첫째, 보통선거와 제한선거이다. 보통선거란 재산, 인종, 성별, 교육 등과 상관없이 일정한 연령 이상의 모든 국민이 선거에 참여하는 것이다.

둘째, 직접선거와 간접선거이다. 직접선거란 국민이 직접 선거에 참여하여 대표를 선출하는 것이다.

셋째, 평등선거와 차등선거이다. 평등선거란 국민 각자가 동일한 표를 가지며 그 표에 대해 동일한 정치적 가치를 가지는 선거를 말한다.

넷째, 비밀선거와 공개선거이다. 비밀선거란 국민이 투표할 때

누구에게 투표했는가를 타인이 알지 못하도록 보장하는 선거를 말한다.

보통선거, 직접선거, 평등선거, 그리고 비밀선거는 민주주의국가에서 당연히 보장되어야 할 선거방식으로서, 이 네 선거가 보장되지 않는 국가는 민주주의국가가 아니라고 평가할 수 있다.

다) 선거제도의 분류

선거제도는 선거 때 정당이나 후보가 합리적이고 정당한 경쟁을 할 수 있도록 만들어진 일종의 선거규칙을 의미한다. 다시 말해서 투표방법, 선거구 크기(의석), 의석배분방식(혹은 당선자결정방식), 표 등가성(等價性) 등과 관련된 일련의 내용을 의미한다.

선거제도는 선거의 결과에 결정적인 영향을 미치기 때문에 선거제도의 변경은 정당이나 후보에게 아주 민감한 사항이다. 아래에서 선거구 크기와 의석배분방식을 중심으로 선거제도를 분류해 보기로 한다.

(1) 선거구 크기에 따른 분류

선거구는 선거구 크기, 즉 의석에 따라 소선거구와 대선거구로 구분된다.[23] 이를 구체적으로 살펴보기로 한다.

소선거구는 한 선거구에서 1인의 대표를 선출하는 선거구를 말한다. 소선거구제는 일반적으로 한 지역구에서 가장 많은 표를 얻는 후보가 당선되는 다수대표제와 함께 운용된다. 미국이나 한국 등에서 이 소선거구제를 채택하고 있다.

대선거구는 의원을 5명 이상 선출하는 선거구를 말한다. 대선거구제는 일반적으로 비례대표제와 함께 운용된다.

(2) 의석배분방식에 따른 선거제도 분류

의석배분방식을 기준으로 한 선거제도는 다수대표제와 비례대표제, 그리고 다수대표제와 비례대표제를 혼합한 혼합형대표제 등으로 나누어진다.

다수대표제는 어느 한 정당이 과반 의석을 차지하게 하여 효율적 정국운영을 가능하게 하는 제도이다. 비례대표제는 유권자와 정당의 의석 간 비례성에 초점을 맞춘 제도라 할 수 있다. 그리고 혼합형대표제는 효율적인 정국운영과 유권자의 의사반영을 함께 추구하는 것으로서, 다수대표제와 비례대표제의 장점을 살리기 위해 등장한 선거제도이다.

다수대표제의 한 방식으로 대표선출의 직접성을 살리면서 50% 이상의 득표율을 당선요건으로 하는 결선투표제라는 것이 있다. 결선투표제는 무엇보다 유권자 과반의 지지를 얻은 대통령을 선출할 수 있기 때문에 권력의 대표성을 높일 수 있는 장점이 있다.

결선투표제를 시행하고 있는 국가는 프랑스와 페루 등이다. 2012년에 실시된 프랑스 대선 1차 투표에서 과반 득표자가 없었기 때문에, 1위를 한 사회당 올랑드 후보와 2위에 머문 대중운동연합 사르코지 후보가 결선투표에 진출했다. 결선투표 결과, 올랑드 후보가 대통령에 당선되었다.

또한 2016년 6월 페루의 대통령선거에서 쿠친스키와 게이코 후지모리가 결선에 진출했다. 결선투표 결과 쿠친스키가 대통령으로 당선되었다.

우리나라에서도 대통령선거에 결선투표제를 도입하는 방안을 검토해 볼 필요가 있다. 1987년 이후 직접선거를 통해 선출된 대통령이 50% 이상을 득표한 경우는 2012년 12월에 실시된 제18대 대통령선거 때가 유일하다. 2017년에 예정된 19대 대통령선거에서 어떤 결과가 나올지 예측하기 어렵지만, 결선투표제 도입을 통해 대통령의 대표성을 높일 필요가 있다고 생각된다.

비례대표제는 국민의 의사를 의석에 정확하게 반영하기 위해 고안된 제도이다. 여기에서 국민의 의사반영은 개개 국민의 의사 반영보다 정당이라는 조직을 통한 의사반영을 더 강조함을 의미하는 말이다.

그래서 비례대표제에서는 각 정당의 유효득표율에 따라 산술적으로 의석이 배분된다. 비례대표제는 영국(다수대표제)과 프랑스(결선투표제)를 제외한 대부분의 유럽국가에서 채택하고 있는 제도이다.

다수대표제는 제도운영이 간단하고 선거관리가 쉽다는 장점이 있으나 사표가 많이 발생한다는 단점이 있다. 그 반면 비례대표제는 정당의 득표율과 의석을 공평하게 배분할 수 있기 때문에 국민의 의사를 명확하게 반영할 수 있다는 장점을 가지고 있다.

물론 비례대표제를 채택하면 중소정당의 국회진출이 많아지는 경향이 있다. 그래서 정당의 유효득표율이 일정한 기준에 미달하는 정당에게는 비례대표 배분자격을 주지 않는 봉쇄조항(threshold)을 설정하는 것이 일반적이다.

혼합형대표제는 의석의 일부는 다수대표제 방식으로, 나머지는 비례대표제 방식으로 후보를 선출하는 제도를 말한다. 이 혼합형대표제는 혼합형비례대표제와 혼합형다수대표제로 구분된다.

먼저, 혼합형비례대표제에서는 정당의 유효득표율을 기준으로 총의석수가 배분된다. 선거에서 정당이 얻는 의석수는 정당 득표율에 따라 결정되기 때문에 지역구에서 많은 의원이 당선되면 비례대표 의원은 상대적으로 그 숫자가 줄어들게 되는 게 이 제도의 특징이다. 혼합형비례대표제를 채택하고 있는 국가는 독일, 뉴질랜드 등이다.

다음으로, 혼합형다수대표제는 다수대표의석수와 비례대표의석수를 별도로 정한 후, 그 범위 내에서 정당의 의석이 결정된다. 이 제도를 채택하고 있는 국가는 한국과 일본 등으로서, 다수대표의석수가 비례대표의석수보다 더 많다. 이 제도는 다수대표제의 불비례성을 완화하는 방법의 하나로 이용되고 있다.

한국의 현행 국회의원 선거제도는 혼합형다수대표제라고 할 수 있다. 이 제도는 2004년에 실시된 제17대 총선부터 도입되었다.[24] 2016년에 실시된 제20대 국회의원선거를 보면, 다수대표제에 따라 선출된 의원이 의원총수 300명 중 253명이었고, (정당명부식)비례대표제에 따라 선출된 의원은 47명이었다. 비례대표의석수는, 유효투표 총수의 100분의 3이상을 득표하였거나 지역구 5석 이상을 차지한 정당에 한하여 득표비율에 따라 배분된다.

3) 선거와 정치참여

오늘날 대의제 민주주의국가에서 국민이 정치에 참여하는 방법은 다양하다. 국민 개개인의 의견이나 주장을 정부기관에 메일이나 편지를 보낸다든가, 직접 국회에 찾아가 의사를 전달한다든가, 혹은 시민단체를 구성하여 요구사항을 전달하는 등의 정치참여 수단이 있다.

그렇지만 이들보다 더 중요한 정치참여 수단은 선거이다. 선거 때 투표를 통해 정권담당자를 선택하는 것이야말로 가장 큰 정치참여 수단이다. 선거가 있기 때문에 정당과 정부는 국민의 눈치를 보게 되고 국민의 요구와 바람에 성실히 귀를 기울이게 된다.

그런데 투표에 참여하지 않은 유권자가, 당선자의 능력에 문제가 있다는 둥 혹은 도덕성에 문제가 있다는 둥 비판하는 것은 합리적이지 못하다. 선거에 무관심하다는 것은 정치에 무관심하다는 말과 같다. 정치적 무관심은 정치지도자에 대한 국민의 감시와 비판의 소홀을 의미한다. 이는 결국 정치지도자가 국민을 위한 정치를 하지 않고 개인 혹은 일부 집단을 위한 정치를 할 수 있게 만든다.

민주국가의 선거에서는 일부 무소속후보를 제외하고 정당의 후보끼리 경쟁한다. 그런데 국민은 선거에 나서는 후보 가운데 누가 가장 그 직에 합당한 적임자인가를 쉽게 판단하기 어렵다.

국민은 언론, 교육, 시민단체 등을 통해 어느 후보가 보다 나은 후보인지를 판단할 수 있는 능력을 키워야 한다. 또한 정치에 대한 꾸준한 관심과 참여를 통해 정치의식 수준을 높일 필요가 있다. 선거참여는 국민의 중요한 정치참여 수단이다. 국민의 정치참여는 국가를 이끌어 가는 정치지도자의 권력남용 방지와 민주주의의 발전을 위해서 참으로 중요하다.

4. 민주주의와 정부형태: 대통령중심제, 의원내각제, 이원집정부제

모든 국가는 통치를 위한 정부형태를 가지고 있다. 정부형태는 헌법에 규정되어 있다. 민주주의국가에서는 자유롭고 민주적인 선거를 통해 헌법에 규정된 정부형태를 운영할 주체를 선출한다.

물론 북한같은 일인지배 독재국가에서는 김일성, 김정일, 김정은 3대 세습을 통해 정부를 책임질 사람이 결정된다. 형식적으로는 선거에 의해 정치지도자가 선출된다고 하더라도 그것은 북한주민의 자유로운 의사가 아닌 정해진 각본에 따른 지도자 선출과정에 불과하다.

어떠한 정부형태를 가지고 있는가에 따라 국가의 통치방식이 달라진다. 정부형태에 따라 정부구조가 달라지고, 국민의 여론을 수렴하는 방식도 다르다. 우리나라는 대통령중심제 정부형태를 채택하고 있다.

우리나라의 현행 헌법은 1987년 민주항쟁의 결과물로서 만들어진 것이다. 헌법이 개정된 지 꼭 30년이 되었다. 그래서 현행 헌법이 국내외적 변화에 대응하기 어렵다고 지적하면서 헌법개정의 필요성을 주장하기도 한다.

특히 2016년 말 박근혜대통령의 국정농단을 막지 못한 데는 대통령에게 권력이 집중되는 대통령제(제왕적 대통령제) 때문이라는 지적이 나오고 있다. 그래서 2017년에 예정되어 있는 19대 대통령 선거 전에 헌법을 개정해 대통령중심제 정부형태를 다른 정부형태로 바꾸자는 논의가 진행되고 있다.

여기에서는 대통령중심제, 의원내각제, 이원집정부제 등 대표적인 정부형태 3가지의 특징과 장단점 등을 검토해 본 후, 우리나라 정부형태와 관련한 필자 나름의 견해를 밝혀보기로 한다.

1) 대통령중심제

미국에서 시작된 대통령중심제는 미국, 한국을 비롯해 2차 세계대전 후 독립한 많은 신생국가에서 채택하고 있다. 대통령중심제는 권력분립 그리고 견제와 균형을 핵심으로 하고 있다. 입법부, 사법부, 행정부 이 세 정부기관 가운데 어느 한 기관이 다른 두 기관보다 강력한 권한을 가질 경우, 권력집중이나 권력남용 현상이 발생하여 헌정질서가 침해당할 우려가 크다. 대통령중심제는 프랑스 철학자 몽테스키외의 3권 분립론의 영향을 받았다.

대통령중심제를 채택하고 있는 국가에 따라 운영방식이나 내용이 조금씩 차이가 있지만, 대통령제는 다음과 같은 공통적인 특징을 가지고 있다.

가) 대통령중심제의 특징

첫째, 입법부 사법부 행정부가 독립적으로 존재한다는 것이다. 행정부를 대표하는 대통령과 입법부를 구성하는 국회의원은 각각 독립적인 선거를 통해 선출되어 상호독자적인 정당성을 부여받는다. 입법부가 단원제든 양원제든 일반적으로 이들 국회의원은 국민의 선거를 통해 선출된다. 그래서 어떠한 경우라도 행정부가 입법부를, 혹은 입법부가 행정부를 불신임할 수 없다.

둘째, 대통령은 헌법의 규정에 따라 임기가 보장된다. 대통령의 임기는 나라마다 다르다. 미국 대통령의 임기는 4년이다. 1951년 미국의 수정헌법에 따라 한 번의 연임이 허용된다.

우리나라 대통령의 임기는 5년이며 단임이다. 대통령중심제 하에서 대통령은 국회의 탄핵에 의해서 파면될 수 있다. 1987년 개정된 헌법에 의하면, 국회의원 2/3 이상의 찬성으로 탄핵소추안이 통과되며, 헌법재판소에서 최종적인 탄핵여부가 결정된다.

현행 헌법 하에서 대통령 탄핵은 두 번 있었다. 먼저, 2004년 노무현 대통령의 경우, 노 대통령에 대한 국회의 탄핵소추안이 통과

되었으나 헌법재판소에서 탄핵이 기각되었다. 다음으로, 현 박근혜 대통령의 경우이다. 국회는 박 대통령에 대한 탄핵소추안을 통과시켰으며, 현재 헌법재판소의 최종 판단을 기다리고 있다.

셋째, 대통령이 장관을 임명하고 내각을 구성한다. 원칙적으로 장관은 국회의원직을 겸할 수 없다. 미국은 장관직과 의원직을 겸할 수 없으나, 우리나라는 의원직을 유지하면서 장관직을 겸할 수 있다.

대통령중심제 원래의 취지를 고려할 때 장관직과 의원직 겸직은 문제가 있다. 하지만 이 정부형태를 채택하는 국가에 따라 양자의 겸직을 허용하기도 한다. 그것은 대통령제의 단점을 보완한다는 의미로 내각제적 요소를 첨가했기 때문이다. 장관은 국회의 인준을 얻어 대통령이 임명하지만 대통령에게만 책임을 진다.

넷째, 원칙적으로 법을 만들기 위한 법안제출은 국회의원에게만 있다. 순수한 대통령중심제 국가인 미국에서는 법안제출 권한은 의원에게만 부여되어 있다. 그런데 우리나라에서는 정부도 업무의 효율화를 위해 법안을 제출할 수 있다.

법안이 국회에서 통과되었다 하더라도 법률로 인정되는 것은 아니다. 입법이 되기 위해서는 대통령의 동의가 필요하다. 대통령은 국회에서 통과된 법안에 대해 거부권을 행사할 수 있다. 대통령이 거부권을 행사했을 경우 국회 재적의원 2/3 찬성으로 재의결할 수 있다. 이와 같이 대통령중심제는 행정부와 입법부 간의 견제와 균형원칙을 바탕으로 운영되고 있다.

나) 대통령중심제의 장단점

먼저, 대통령중심제의 장점을 검토해 보기로 한다.

첫째, 대통령의 임기가 보장되어 있기 때문에 행정부의 안정성이 보장된다. 대통령 임기 동안에 일관된 정책을 추진할 수 있고 정책의 예측성을 높일 수 있다.

둘째, 선거를 통해 대통령을 선출하기 때문에 책임성이 높다. 대통령은 자신이 추진하는 정책에 대해 국민에게 직접 책임을 진다. 따라서 국민은 대통령의 정책 추진에 대해 상당한 관심을 가지게 되며, 국민의 정치참여도가 높아질 수 있다.

셋째, 3권 분립으로 견제와 균형원칙이 지켜지기 때문에 국회 다수당의 횡포를 막을 수 있다. 물론 대통령과 여당이 결탁하여 법안이나 정책을 좌지우지할 수 있는 경우가 있으나 일반적으로 견제와 균형원칙에 입각해 정치가 운영된다.

넷째, 의원내각제 하의 총리는 의원의 경력이 필수요건이라 할 수 있다. 그런데 대통령중심제에서는 이전의 정치적 경험이 필수요건이 아니다. 그래서 의원내각제보다 더 다양한 인물을 대통령 후보로 고를 수 있다. 하나의 예로서, 2012년 18대 대통령선거 때 정치경험이 없었던 안철수 후보의 선전을 들 수 있다.

다음으로 대통령중심제의 단점을 검토해 보기로 하자.

첫째, 국회구성이 여소야대인 경우, 정부와 국회가 대립할 때 발생하는 정국의 경색국면을 해결하기 어렵다. 이러한 상황에서는 대통령과 야당지도자의 설득과 협상능력이 무엇보다 중요하다.

둘째, 임기를 보장받은 대통령의 잘못된 정책에 대해 책임을 묻기 어렵다. 특히 국회 다수당이 여당인 경우, 대통령의 실정에 대해 현실적으로 책임을 묻기 어렵다. 박근혜 대통령의 국정농단에 대한 책임을 물은 탄핵소추안이 국회를 통과할 수 있었던 것은 여소야대 국회였기 때문이다.

셋째, 예외는 있지만 대통령 임기종료 시점이 다가올수록 대통령의 영향력이 현저히 줄어드는 레임덕 현상이 발생한다. 이것은 정치권 전반의 운영마비를 가져올 가능성이 크다.

넷째, 대통령중심제는 모든 권력을 대통령으로 선출된 승자가 독식하기 때문에 패자를 지지했던 국민의 의사가 무시된다. 특히 승패가 근소한 차이로 결정되었다 하더라도 승자가 패자의 의견이나 주장을 반영하지 않을 수 있다. 이럴 경우 국민의 의사를 적절히 대변하지 못하는 문제가 발생한다.

2) 의원내각제

의원내각제는 영국에서 처음 시작되었으며, 서유럽 다수국가가 이 제도를 채택하고 있다. 의원내각제는 행정부에 비해 입법부의 상대적 우위성을 기본 원리로 하고 있다. 대통령중심제의 행정부가 국회와 독립적인 위치에 있는 반면, 의원내각제의 행정부는 국회와 본질적 관계를 유지하고 있으며, 국회의 다수당에 의해 구성된다. 선거를 통해 선출된 국회의원이 국회를 구성하며, 국회는 행정부인 내각을 구성할 권한을 가지고 있다.

의원내각제 정부형태를 취하고 있는 국가 간에 운영이나 제도면에서 조금씩 차이가 있지만, 의원내각제는 다음과 같은 공통적인 특징을 가지고 있다.

가) 의원내각제의 특징

첫째, 의원내각제는 국회를 중심으로 한 일원적 권위체제이다. 행정부와 입법부가 각각 국민으로부터 선출되는 이원적 권위체제인 대통령중심제와는 달리, 의원내각제는 입법부만 국민으로부터 선출된다. 행정부는 국회의 다수당에 의해 구성된다.

둘째, 의원내각제는 입법부와 행정부가 상호의존적인 구조를 가지고 있다. 내각은 국회의 다수당에 의해 구성된다. 국회 다수당은 국회를 이끌어감과 동시에 행정부를 구성하므로 상호 의존관계를 유지한다.

셋째, 행정부의 장은 과반의석을 얻은 다수당 혹은 연립정부를 구성하는 정당 간 합의에 따라 결정된다. 물론 행정부의 장인 수상이나 총리는 공식적으로는 국회에서 선출된다.

넷째, 국회 다수당이 내각을 구성하기 때문에 자칫 국회와 내각의 권력이 융합되어 권력남용이나 권력독주가 나타날 가능성이 있다.

나) 의원내각제의 장단점

먼저, 의원내각제의 장점을 살펴보기로 한다.[25]

첫째, 정치과정의 효율성을 들 수 있다. 의원내각제는 입법을 담당하는 국회의 다수당이 행정부를 구성하기 때문에 견제와 균형 원칙을 강조하는 대통령중심제보다 입법과정이 효율적으로 이루어진다.

둘째, 행정부와 입법부의 관계가 상호의존적 · 협력적이므로 두 조직의 갈등을 최소화할 수 있다. 입법부와 행정부가 대립할 경우, 국회의 내각불신임 결의와 내각의 국회해산으로 정치적 갈등을 조기에 해소할 수 있다.

셋째, 총리와 장관 등이 대부분 풍부한 정치적 경험을 가진 정치인들로 구성되기 때문에 정치적 실정을 줄일 수 있다. 국회의원직을 가져야 장관이 될 수 있으며, 비교적 정치경험이 많은 인사들이 행정부의 장관이 되기 때문이다.

넷째, 책임정치를 실현할 수 있다. 의원내각제는 임기가 보장되지 않기 때문에 정부의 지지도가 낮거나 큰 실정을 했을 경우 그 책임을 물을 수 있다.

다음으로, 의원내각제의 단점을 알아보기로 한다.

첫째, 의원내각제는 국회가 중심이기 때문에 정치적 논리에 따라 국정이 운영될 가능성이 있다. 그래서 일관성있는 국정운영이 대통령제보다 어려울 수 있다.

둘째, 잦은 정권교체로 정국이 불안정해질 수 있다. 의원내각제는 임기가 보장되지 않으므로 수시로 정권이 교체되고 국회가 해산될 수 있다.

셋째, 정당정치가 성숙되지 않은 국가에서 의원내각제를 채택할 경우 빈번한 정권교체로 국정운영이 혼란스러울 가능성이 크다. 의원내각제는 정당이 중심을 잡고 국정을 운영해 나가는 제도이므로 정당이 합리적으로 운영되어야 한다.

넷째, 과반의석을 얻는 정당이 많지 않기 때문에 연립정권을 구성할 때가 많다. 그래서 정책의 일관성유지가 어려울 수 있다. 또한 연립정권의 구성이 자주 바뀔 가능성이 있다.

3) 이원집정부제

이원집정부제는 프랑스에서 처음 운영된 정부형태로서, 대통령과 총리가 정치권한을 나누어 가지는 정부형태이다. 대통령중심제의 대통령 권력남용 문제와 의원내각제의 정치적 불안정 · 비효율성 문제 등의 단점을 줄이고자 이원집정부제가 만들어졌다.

이원집정부제는 채택하고 있는 국가에 따라 운영방식이나 법제도가 다르지만, 이 정부형태가 공통적으로 가지고 있는 특징은 다음과 같다.

가) 이원집정부제의 특징

첫째, 이원집정부제는 국민의 직접 선거를 통해 선출되는 대통령과, 국회에 책임을 지는 내각이 결합된 정부형태이다. 국회는 내각불신임권을 가진다. 대통령은 국회해산권을 가지나 국회에 대해 책임을 지지 않는다.

둘째, 대통령은 일반적으로 외교, 국방, 통일 등 대외적 분야를 담당하며, 총리는 경제, 사회, 복지 등 대내적 분야를 담당한다.

셋째, 대통령은 국가 비상시에 긴급권을 발동하여 직접 행정에 대해 전권을 행사할 수 있으며, 총리를 해임할 수 있다.

나) 이원집정부제의 장단점

먼저, 이원집정부제의 장점을 알아보기로 한다.

첫째, 평시에는 의원내각제식으로 운영되므로 입법부와 행정부의 대립을 최소화할 수 있다.

둘째, 대통령은 대외적 업무에 충실할 수 있으며, 총리는 대내적 업무에 전념할 수 있다. 대통령제 하의 대통령, 의원내각제 하의 수상이 하는 업무의 강도를 분산함으로서 국정운영이 원만하게 이루어질 수 있다.

셋째, 국가위기 때 대통령이 직접 국정을 관할하기 때문에 정국이 안정되고 비상 시에 신속하게 대응할 수 있다.

넷째, 대통령을 선출한 정당과 국회 다수당이 다를 경우 국정운영에 어려움이 발생할 수 있겠지만, 토론과 협상을 통해 효율적인 국정운영을 기할 수 있다.

이어 이원집정부제의 단점을 살펴보기로 하자.

첫째, 국정이 대통령과 총리에게 나누어져 책임정치를 하는데 어려움이 있다.

둘째, 대통령과 총리의 권한분산이 모호할 때가 있다. 정책을 추진하는 과정에 문제가 생길 경우 책임소재 문제로 양자 간 대립이 높아질 수 있다.

셋째, 대통령 정당과 총리 정당이 다른 동거정부가 출현할 경우 정치적 갈등이 확산될 수 있다.

넷째, 대통령의 비상대권 발동을 제한할 방법이 없다. 자칫 대통령제의 대통령 독주현상이 나타날 수 있다.

다섯째, 대통령을 선출한 정당과 국회다수당이 동일한 정당인 때, 일당독주체제가 출현할 가능성이 크다. 이러한 경우 일당독주 상황을 견제할 방법이 없다.

4) 정부형태에 대한 개인적 견해

위에서 살펴보았듯이, 정부형태는 각각 나름의 특징과 장단점을 가지고 있다. 제도적으로는 세 가지 모두 의미가 있기 때문에 개별 국가의 역사, 문화 그리고 여건 등을 고려해 정부형태를 채택할 필요가 있다.

우리나라는 1960년 4.19혁명 직후 짧은 의원내각제 실시경험을 제외하고, 정부수립 이래 지금까지 대통령중심제를 채택해 시행하고 있다. 미국의 영향 때문인지 대통령중심제에 대해 큰 반대는 없었던 것 같다.

그런데 지금까지 우리나라에서 역대 대통령 임기종료 전에 대통령과 관련된 부정부패나 비리 등으로 문제없이 임기를 마친 대통령이 없었다.

이렇게 된 핵심적 원인이 대통령중심제에 있다고 간주하여, 대통령의 제왕적 권력행사를 막을 방도를 찾아야 한다는 주장이 강하게 제기되고 있다. 제왕적 대통령제라는 것은 대통령이 국가원수로서의 권한과 함께 행정수반으로서 행정권과 국무총리임명권까지 가지고 있음을 의미한다.

박근혜 대통령 탄핵정국이 발생하자 정치권은 이번 기회에 대통령중심제 정부형태를 이원집정부제나 의원내각제로 바꾸어야 한다고 주장하고 있다. 2017년 1월 1일부터 6개월간 활동하게 되는 20대 국회 헌법개정특별위원회에서도 지금의 탄핵정국의 영향으로 87년 체제라고 불리는 현행 대통령중심제 헌법을 개정하려 하고 있다.

일각에서는 의원내각제 도입을 검토하고 있으나 다수 정치권은 이원집정부제를 더 선호하고 있는 것 같다. 국민의 직선으로 선출되는 대통령은 외교, 국방, 통일 등 외치를 담당하고, 국회에서 선출되는 총리는 경제, 사회 등 내치를 맡는 분권형 정부형태를 채택하자는 것이다.

일리있는 주장이다. 박근혜 대통령의 일방적 국정운영을 막을 방도가 현실적으로 없다는 점을 강조하면서, 대통령의 권한을 줄이는 정부형태를 도입하자는 것이다.

하지만 제도 못지않게 중요한 것은 사람이다. 어떤 사람이 어떠한 방식으로 대통령직을 수행하는가도 중요하다. 제도와 사람은 동전의 양면이라, 제도만 바꾼다고 문제가 해결되는 것은 아니다.

제도와 사람이 조화롭게 작동되어야 정치가 바로 설 수 있다.

앞에서 살펴보았듯이, 이원집정부제는 대통령중심제와 의원내각제의 장점에 착안하여 만들어진 것이다. 상식이 통하는, 공정한 방식으로 이원집정부제가 운영된다면 우리 국민이 바라는 좋은 사회가 될 것이다.

하지만 아직 우리의 정치문화, 즉 국민과 정치가의 의식수준이 상식수준에 미치지 못하고 있다. 더구나 분권형인 이원집정부제로의 개헌을 주장하는 대부분의 정치권은 자신들의 권력장악과 파벌의 이익을 위한 의도를 짙게 깔고 있는 것 같다.

만약 대통령을 선출한 정당과 국회다수당이 동일한 정당일 경우, 대통령은 현재의 대통령중심제보다 훨씬 더 많은 권한을 행사할 수도 있다. 또한 대통령이 비상대권을 행사할 때는, 대통령중심제가 변질되는 경우처럼, 제왕적 대통령이 출현할 우려가 있다.

다른 한편, 여소야대 국회가 구성될 경우, 대통령과 총리가 대립하여 정치가 원활하게 작동되지 않을 가능성이 크다. 예를 들어, 사드배치문제에 있어 대통령과 총리가 다른 입장을 가질 경우, 심각한 문제가 발생할 수 있다.

일단 개헌해서 이원집정부제를 도입해 시행해 본 후 문제점이 있으면 보완하면 되지 않느냐고 주장할 수 있다. 하지만 현재 우리 정치권의 행태를 볼 때 대통령과 총리가 서로 양보 · 배려하면서 국가의 미래를 위한 정치를 하지 않을 것이다. 겉으로는 상대를 배려하는 정치를 하는 듯하지만, 실질적으로는 자신의 권력을 강화하고 자기 파벌의 이익을 얻기 위한 정치를 할 것이다.

이런 예상을 할 수 있는 근거가 있다. 2016년 아산정책연구원에서 발표한 자료에 따르면, 우리나라의 기관별 신뢰도 조사[26]에서 2013년부터 2016년까지 연속적으로 국회의 신뢰도가 가장 낮은 것으로 나타나고 있다. 또한 2014년 한국사회과학자료원이 내어 놓은 자료[27]에도 2003년부터 2014년까지 공공 민간기관의 신뢰도 조사에서 국회가 단 한 번도 꼴찌를 면한 적이 없다.

헌법개정은 필요하다고 생각한다. 정부형태를 바꾸는 고민과 함께 국민의 기본권문제도 시대흐름에 맞게 수정할 필요가 있다. 하지만 정치인이 지금보다 더 역사의식과 사명의식을 갖고 깨끗한 정치를 보여줄 때 국민들은 정치지도자를 지지하고 존중할 것이다. 이러한 때가 오면 개헌에 대한 국민적 공감대가 형성될 수 있을 것이다.

제도변화만으로 우리의 정치를 바꾸기는 어렵다. 제도와 사람이 함께 변해야 한다.

5. 민주주의와 국제정치: 이상주의, 현실주의, 자유주의, 구성주의

1) 국내정치와 국제정치

정치는 일반적으로 국내정치와 국제정치로 나눌 수 있다. 국내정치는 한 국가 내에서 이루어지는 정치현상을 말한다. 국가 내의 권력관계, 정치의식, 정치문화, 정당 및 선거 등 다양한 활동을 의미한다. 개별 국가는 주권을 가지고 있기 때문에 국가 내에서 주체적으로 정치행위를 한다. 그리고 기본적으로 정치는 한 국가 내에서 영향을 미친다.

국내정치에 있어서는 여러 가지 사회적 가치를 권위적으로 나눌 수 있는 정부가 존재한다. 그런데 이 국내정치가 기본적으로는 독립적 정치현상이라 할 수 있지만 국가영역을 벗어난 국제정치현상과 관련성이 있다.

국제정치는 개별 국가영역의 바깥에서 일어나는 정치현상이다. 이것은 국가 간의 상호작용에 의해 발생하는 정치현상이라 할 수 있다. 국제정치의 장은 국가 간 평등의 원칙에 따라 대등한 역할의 장이 되어야 한다.하지만 현실적으로 국력의 우열에 의거한 힘의 정치가 통용되고 있다. 또한 세계화의 흐름과 함께 국제정치가 국가 간의 관계에 머물지 않고 개별국가 국민의 일상생활에도 영향을 미치고 있다.

오늘날에 있어서 국가 간의 상호의존관계가 정치 경제 사회 문화 등 다양한 영역에 걸쳐 있다. 다시 말해서, '국내정치의 국제정치화' 및 '국제정치의 국내정치화' 현상이 현저하게 나타남으로써 국내정치와 국제정치의 구분이 명확하지 않은 현상이 발생하고 있다.[28)]

그럼에도 국내정치와 국제정치는 다음 몇 가지 점에서 차이가 있는데 이에 대해 간략히 살펴보기로 하자.

첫째, 정치적 목적에서 차이가 있다. 국내정치의 경우, 정당이나 계급 등이 경쟁하는 목표가 국가권력을 획득하는 데 있다. 그런데 국제정치에서는 개별 국가의 주권을 확대 · 강화하여 국제사회에서 가능한 한 큰 권력을 형성하는 데 목적이 있다.

둘째, 정치적 수단의 차이이다. 국내정치에서는 정치적 목적을 달성하기 위해 법에 근거하지 않은 무력이나 폭력사용을 금지하고 있다. 그런데 국제정치에서는 국제사회가 중앙집권적인 권력이 존재하지 않은 무정부사회라고 볼 수 있으므로 개개 국가는 무력이나 폭력사용이 현실적으로 인정되고 있다.

셋째, 정치의 주체문제이다. 국내정치에서는 정치행위의 주체로서 개인의 존재가 뚜렷하지만 국제정치에서는 간접적으로 개인의 존재를 인식하는 경향이 크다.

넷째, 체제의 특징문제이다. 국내정치에는 한 국가 내 두 개 이상의 통치권이 존재할 수 없다. 그런데 국제정치에서는 개개 국가의 통치권이 대등하게 그리고 경쟁적으로 존재한다. 물론 여기에서도 국가 간 힘의 논리가 현실적으로 작용한다.[29]

여기에서는 국내정치보다 국제정치를 중심으로 검토해 보고자 한다.

2) 국제정치를 설명하는 시각

국제정치를 설명하는 시각은 다음과 같은 네 가지로 구분된다.

첫째, 이상주의이다. 국가와 국가 간 관계에 있어서 사람이 어떻게 행동하느냐보다 어떻게 행동해야 하는가에 초점을 두고 있다. 이것은 인간은 선하게 타고난다는 성선설의 입장에서 출발한다.

인간은 선하고 이성적이며 합리적이기 때문에 국가 간에도 협력과 조화가 가능하다고 한다. 국가는 선한 사람이 모인 조직이기 때문에 전쟁을 하지도, 원하지도 않을 것이라고 한다. 국가 간 전쟁은 악한 지도자가 그 자신의 이익과 욕심을 채우려 하기 때문에 일어난다고 한다.

이상주의자는 사람의 이성적 사고와 합리적 행동 그리고 양심에 호소한다. 국제협력을 통해 분쟁을 예방하는 것과 국제문제를 평화적으로 해결하는 것을 국제정치의 본질로 보고 있다.

그래서 이상주의자는 나폴레옹전쟁 후 1차 세계대전까지 동맹체제와 비밀외교 위주로 유지되었던 유럽세력균형체제(빈체제)를 비판하면서 이러한 동맹과 비밀을 이용한 기존국제질서를 개혁해야 한다고 주장한다. 이러한 개혁의 방안으로 초국가적 국제기구를 설립하고 국제법을 확립할 것을 강조하고 있다.

국가 간 합의로 만들어진 국제법으로부터 국가가 이탈할 수 있다는 가능성은 인정한다. 하지만 이는 예외적인 것이어서 이를 통제하고 규제하면 국제평화는 유지될 수 있다고 여긴다. 전쟁은 불완전한 제도 때문에 일어난다고 하며, 전쟁의 원인인 불완전한 제도를 없애기 위해서 민주주의 정치제도를 확산시켜야 한다고 주장한다. 불완전한 제도는 곧 비민주주의 제도라고 간주하고 있으며,[30] 현재의 제도를 보완하거나 새로운 제도를 수립함으로써 평화적인 국제질서의 유지가 가능하다고 한다.

이러한 이상주의는 유럽의 세력균형체제가 1차 세계대전으로 인해 붕괴되자 이전의 세력균형이론에 대한 회의와 함께 등장했다. 당시 미국의 윌슨 대통령은 세력균형체제를 대체할 새로운 세계질서의 정립필요성을 밝히면서, 집단안전보장제도를 주장했다. 이에 따라 국제연맹 창설, 국제법 확립, 국제사법재판소, 국제경찰 등의 제도수립을 강조했다.

하지만 일본의 만주침략, 독일의 폴란드 침공 등에 대해 국제연맹이라는 집단안전보장제도가 원활하게 작동하지 못했고 결국 2차 세계대전이 터지고 말았다. 이상주의자는 현실과 실제에 바탕을 두기보다 이상과 당위에 집착했다는 비판을 받았으며, 이에 대한 반발로 현실주의가 나타났다.[31]

둘째, 현실주의이다. 이것은 인간은 비이성적 · 비합리적 존재라는 전제 하에 '사람은 어떻게 행동하는가'를 분석하고 있다. 인간은 악하게 태어난다는 성악설에 바탕을 두고 있기 때문에 사회의 본질은 조화와 타협보다 경쟁과 대립이 지배하고 있다고 주장한다. 그래서 국제사회에서는 인간의 보편적 윤리나 규범 등이 적용되지 않으며, 국제적 도덕원리의 존재를 믿지 않는다.

현실주의에 의하면 국제정치에서 가장 중요한 행위자는 국가이며, 국력의 극대화를 위해 합리적으로 행동하는 국가의 합리성을 전제로 한다. 국가의 목표는 국가이익의 획득, 보존, 확대이며, 국가 간 이익의 조화는 불가능하므로 국가 사이의 협력은 없다고 한다. 그래서 국가와 국가 관계는 본질적으로 갈등적이며 무정부상태가 정상이라고 한다.[32]

현실주의에서는 국제평화란 국가이익 추구과정에서 힘의 균형에 의해서만 유지될 수 있는 상대적 안정상태를 말한다. 국제평화를 유지하는 가장 효과적인 방법은 세력균형에 의한 국가 간 합의라고 한다. 세력균형 자체보다 세력균형을 형성하는 국제적 합의가 더 중요하다고 본다.[33]

2차 세계대전 발발에 대한 반발로 등장한 현실주의는 국제사회에서 법에 의한 지배와 국제기구에 대한 불신을 가져왔다. 또한 2차 대전 후 나타난 냉전체제와 핵무기의 등장은 현실주의의 입장을 뒷받침하는 증거가 되었다.

셋째, 자유주의이다. 현실주의를 비판하면서 등장한 자유주의는 이제는 국가가 국제정치에서 가장 중요한 행위자가 아니라고 주장한다. 이것은 국제정치에서 국가의 중요행위자 위치를 부정하고 다양한 행위자에 주목하였다. 예를 들어, 국제기구를 단순히 국가가 모여 만든, 국가에 순응하는 도구로 보지 않고 제한적으로 자율성을 가지는 행위자로 간주한다.

자유주의에서는 한 국가가 국익을 추구하면서 다른 국가와 경쟁 · 대립하고 있다기보다 다른 국가를 자국의 복지확대와 국가발전에 필요한 파트너로 인식하고 있고, 이를 위한 국가 간 협력과 조화가 가능하다고 한다. 상대국을 자국 발전을 위한 파트너로 인식함으로써 국가 간 상호의존성이 높아지며 상호의존성이 높아질수록 전쟁의 가능성은 낮아진다고 주장한다.[34]

상호의존성을 높이기 위해서 국제기구나 국제제도를 만드는 것이 중요하며, 이러한 기구나 제도를 통해 국가 간 협력과 조화를 이끌어 나갈 수 있다고 한다. 특히 정치적 영역보다 비정치적 영역, 그 중에서도 경제적 영역의 상호의존성이 심화되면 될수록 자국의 경제적 이익을 보호하기 위해 갈등이나 분쟁을 평화적으로 해결하는 방법을 강구할 것이라고 주장한다. 그럼으로써 서로 전쟁을 피해야 한다는 정치적 영역의 상호의존성을 높일 수 있다고 한다.[35]

정리하자면, 자유주의는 정치 군사 경제 등 다방면에 걸쳐 국가 간 상호의존의 정도가 점점 확대되어 갈 때 국제사회에서 평화와 안정이 보다 잘 유지될 수 있음을 강조하고 있다.

넷째, 구성주의를 들 수 있다. 국가를 국제정치의 주요 단위로 보는 구성주의는 현실주의와 자유주의 시각을 보완하는 역할을 한다. 구성주의는 물질적 요소보다 관념적 요소, 즉 이념, 문화, 역사 등을 더 중시한다.

국제질서에서 개별 국가는 국익에 따라 움직인다. 구성주의는 국익을 사회규범, 문화, 정체성과 같은 주관적 · 사회적 요인에 의해 구성되는 것이라고 한다. 국익을 가변적인 것으로 파악하고 있다. 현실주의와 자유주의는 국익을 고정된 것으로 간주한다. 하지만 구성주의는 국익을 주어진 것으로 생각하지 않고 사회적으로 구성되어지는 것으로 본다.

구성주의는 개개 국가의 정체성, 규범, 공유하는 가치 등에 의해 국익이 달라진다고 하며, 이들 변화요인이 국제정치를 설명해줄 수 있다는 시각이다. 개별 국가는 상대국가를 볼 때 적국, 경쟁국, 우방국 중 어떤 관점으로 보는가에 따라 국익이 달라진다고 한다.

두 가지 예를 들어보기로 하자.

먼저, 미국은 프랑스를 우방국으로, 북한을 적국으로 보고 있다. 프랑스가 북한보다 열 배 이상 많은 핵무기를 갖고 있음에도 미국은 프랑스보다 북한을 더 위협적인 국가로 간주한다. 그것은 북미관계가 적대적이기 때문이라 할 수 있다.

다음으로, 한국과 일본은 지리적으로 가깝고 사회경제적 교류가 많기 때문에 상호협력하면 서로 이익이 된다. 그런데 과거사문제나 독도문제 등으로 대립할 때가 많다. 그 이유는 협력이 두 나라의 국익에 도움을 준다는 것을 알고 있음에도 국가 정체성이나 자존심 등 관념적 요인에 의해 영향을 받기 때문이다.

국제사회의 변화에 따라 국제정치를 설명하려는 여러 시각이 나오고 있다. 그럼에도 지금까지 국제정치를 설명하는 지배적 입장은 현실주의 시각이라고 할 수 있다.

6. 민주주의, 포스트모더니즘과의 만남

어떤 사회에 민주주의가 발전하려면 자유롭고 주체적이며 이성적인 국민이 많아야 한다. 또한 사회가 열려 있어야 하며 구성원의 다양한 의견을 존중하는 문화가 조성되어 있어야 한다. 민주주의의 수준 향상에는 다양성과 열린 사고를 강조하는 포스트모더니즘의 등장과 관련이 있다.

20세기 후반 서구에서 등장한 포스트모더니즘은 우리 사회에도 큰 영향을 미쳤다. 우리나라에서는 1990년에 와서 포스트모더니즘과 관련하여 활발한 논의가 이루어졌다. 이러한 논의의 영향으로 권위주의적 통치개념이 협치개념으로, 단일성 중심 사고에서 다양성 중심 사고로 바뀌게 되었다.

물론 이러한 우리사회의 변화가 형식적 측면에 머물러 있어 실질적 변화로 이어지지 못한 측면이 있다. 하지만 포스트모던 물결이 권위주의정치를 민주주의정치로의 변화로 이끄는데 큰 역할을 했다.

이제 포스트모더니즘이 무엇인지 그리고 포스트모더니즘이 민주주의에 어떤 영향을 미쳤는지 구체적으로 살펴보기로 하자.

1) 모더니즘과 포스트모더니즘

18세기 전후 이성과 합리성을 중시하던 근대사회에 국민국가가 성립하면서 국가의 질서가 자리잡게 되었다. 또한 과학과 기술의 발전으로 삶의 질이 향상되었다. 당시 주류였던 일부 부르주아에 한정되었지만 이들은 주체성과 독립성을 가졌고 원하는 것을 얻을 수 있는 자유를 누릴 수 있었다. 이러한 면들을 담을 수 있는 그릇이 모더니즘이었다.

근대이전 시기를 관통하던 비합리적 권위와 불합리한 지배를 비판하면서 등장한 모더니즘은 19세기 후반부터 20세기 중반까지 서구사회를 광범하게 지배하였다. 모더니즘이 등장한 시대적 배경은 첫째, 농업중심의 경제체제로부터 산업중심 경제체제로의 이행 둘째, 귀족중심사회에서 시민사회로의 변화 셋째, 민주주의체제로의 변화 등이다.

그런데 20세기에 와서, 특히 1,2차 세계대전의 경험은 이성과 합리성 그리고 과학과 기술 중시 시각에 회의를 가지게 했다. 과학과 기술의 획기적 발전으로 서구가 높은 수준의 자본주의사회로 접어들게 되자 생태계 위기, 핵전쟁 가능성, 미래에 대한 불확실성, 테러, 비인간화와 소외현상의 심화 등 여러 가지 문제가 나타났다. 거대 자본과 매스컴의 영향으로 개인은 또다른 의미의 무력한 존재로 전락하였다.

이러한 모더니즘의 문제점과 단점을 없애고 더 나은 사회를 건설하고자 등장한 새로운 사조가 포스트모더니즘이다. 포스트모더니즘의 특징으로 다음 몇 가지를 들 수 있다.

첫째, 포스트모더니즘은 모더니즘이 강조했던 지나친 이성 중시에서 벗어나 이성과 감성을 조화시키고자 한다. 사람이 주체적이고 독립적인 삶을 살아가는 데는 이성이 중요하다. 하지만 이성의 과도한 숭배는 이를 절대시하는 인간들로 인해 사람다운 삶을 파괴하는 무서운 사회를 만들기도 한다.[36] 이성과 감성을 적절히 조화시킴으로써 안정되고 평안한 사회가 유지될 수 있다.

둘째, 포스트모더니즘은 과학과 기술뿐만 아니라 환경과 생태를 중시한다. 모더니즘은 자연을 정복의 대상으로 간주했다. 모던주의자는 과학 · 기술의 발전과 진보는 인간의 생활을 풍요롭고 행복하게 해 준다는 일원론적 시각을 가지고 있었다. 성장과 효율을 중시한 반면, 환경이나 생태 등 성장과 효율에 도움이 되지 않는 것들은 무시했다. 그래서 모더니즘이 지배하는 사회는 과학과 기술이 발전되었음에도 더 위험하고 불안해졌다.

그 반면 포스트모더니즘은 과학과 기술(성장과 효율)을 숭상하는 기술지상주의에서 벗어나 사람과 자연의 공생을 추구한다. 포스트모더니즘은 모더니즘에서 경시하던 환경과 생태를 중시함으로써 안락한 삶을 누리는데 도움을 준다.

셋째, 포스트모더니즘은 차이와 다양성을 중시한다. 일원적 입장을 지양하고 상호소통을 강조한다. 포스트모더니즘은 이분법적 논리를 해체하고 차이와 다양성을 중시한다.

포스트모던 시대로 변화함에 따라 모더니즘에서 중요시되었던 엘리트주의가 민주화 · 대중화 흐름의 확산으로 점점 약화되었다. 고급문화와 대중문화 간의 차별이 점차 사라지게 되었다. 고전음악이 의미가 있는 것으로 인정되듯이, 대중음악도 나름의 존재의미가 있음을 인정받게 되었다.

넷째, 포스트모더니즘은 소외문제나 인권문제에 관심을 갖는다. 위에서 언급했듯이, 모더니즘은 효율성 중심의 기술지상주의를 강조한다. 우리나라의 경우, 모던적 효율성 제고를 통해 급속한 경제성장이 이루어졌으며 이를 통해 근대화를 앞당길 수 있었다. 그러다 보니 지나친 기술중시로 발생한 환경문제와 소외문제를 경시했고 사람의 기본적 권리와 인권문제에 둔감했다.

하지만 우리 사회에 모더니즘의 흐름이 약화되고 포스트모더니즘 흐름이 주류로 등장하자 이제 인간의 삶과 인권문제가 관심사로 떠오르게 되었다. 기술지상주의에서 파생한 환경 · 소외문제를 줄이고 해결할 수 있는 방안 그리고 사회생활 과정에 존재하는 '갑-을' 관계에서 '을'의 인권을 보장할 수 있는 방법 등이 현안문제로 등장했다.

다섯째, 포스트모더니즘은 상생을 중시한다. 갈등과 분열보다 배려와 화합을 더 강조한다. 개인 간에도 마찬가지지만 국가 간에도 상생을 통해 함께 성장하고 발전하고자 한다. 특히 국가 간 상호의존성이 점점 높아지고 있는 상황을 고려할 때, 배려와 화합의 중요성이 강조되고 있다.

물론 국가 간 이해관계가 상충될 때는 각각 국가이익을 확보하기 위해 갈등과 대립이 나타난다. 그렇지만 과거 냉전시기처럼 블록을 쳐서 서로 소통하지 않는 형국이 조성될 가능성은 적다. 그래서 서로 상생할 수 있도록 타협하는 경향을 보인다.

2) 포스트모더니즘과 한국 민주주의

1960년대에 이미 포스트모던 사회로 진입하기 시작했던 서구와는 달리, 우리 사회는 1990년을 전후하여 포스트모던 사회로의 첫 걸음을 시작했다. 특히 1987년 민주항쟁을 경험했고 이 민주항쟁을 계기로 모던적 흐름이 점점 약화되었다. 이와 더불어 우리사회가 다문화사회로의 이행행보를 시작함에 따라 1990년대에 와서는 본격적으로 포스트모던 사회로 진입했다고 할 수 있다.

미국으로부터 도입된 우리나라 민주주의는 수많은 우여곡절을 겪은 후 지금의 상황으로 변화해 왔다. 1980년 말의 민주항쟁을 겪고 난 후 비로소 민주주의를 공고화할 수 있는 바탕이 형성되었다. 이러한 민주주의 공고화는 단순하게 국내적 상황변화로 인해 이루어졌다고 할 수는 없다. 일정 부분 국제사회의 영향을 받았다.

위에서 언급했듯이, 국제사회, 특히 서구는 1960년대부터 모던적 흐름으로부터 포스트모던 흐름으로 변화되었다. 일원성, 차별, 효율성, 기술을 강조하던 모더니즘적 시각이 다원성, 차이와 상호의존, 인권, 환경을 중시하는 포스트모더니즘적 시각으로 바뀌게 되었다. 또한 독일통일을 전후해 냉전체제가 해체되었고, 이 패러다임의 변화는 동구공산권의 몰락을 가져왔다.

이러한 변화는 우리나라의 정치에도 영향을 미쳤다. 전두환정권의 군부독재가 끝나고, 과도기적 노태우정권이 민주정권으로 어느 정도 바뀌게 된 근저에는 민주화를 염원하는 국민의 힘이 가장 큰 원동력이 되었다. 이와 더불어 냉전체제 종식과 함께 포스트모던 흐름이라는 대외적 요소도 상당한 영향을 미쳤다.

물론 아직 민주주의의 역사가 짧은 우리나라에서 진정으로 국민을 섬기고 국민을 위하는 권력자를 찾기 어렵다. 하지만 포스트모더니즘이 우리사회에서 국민의 뜻에 반해 자신의 탐욕을 추구하는 권력자가 나오지 못하게 하는데 어느정도 기여했다.

포스트모더니즘은 모더니즘에서 경시되었던 국제결혼이주민, 북한이탈주민, 동성애자 등 사회적 약자에 대해 보다 큰 관심을 갖게 함으로써 우리 민주주의가 보다 발전할 수 있는 유인으로 작용하고 있다.

7. 대의제 민주주의의 한계와 광장민주주의

앞에서 본 것처럼, 민주주의는 국민의 뜻에 따른 정치에서 유래했다. 기원전 5세기경 그리스의 아테네 시민들은 직접 정치에 참여해 국가의 일을 결정했다. 하지만 정치에 참여할 수 있는 사람은 상당히 제한적이었다. 18세 이상의 성인 남성인 시민만이 국정에 참여할 수 있었다. 여성과 외국인 그리고 노예는 정치에 참여할 수 있는 권한이 없었다.

아테네 민주주의는 시민들이 일정한 장소에서 직접 만나 토론을 통해 현안을 결정했다. 이러한 결정 기구에는 민회와 500인회

등이 있었다. 민회는 원칙적으로 1년에 한번 열렸으나 필요한 경우에는 수시로 열 수 있었다.

대체로 민회에서는 법률 제정, 전쟁 개입, 공직자 선출 등 중요한 정책을 결정하였다. 그리고 500인회는 민회에서 논의할 안건을 결정했으며, 30세 이상의 시민 가운데 추첨을 통해 500인회의 위원이 될 수 있었다.

이러한 고대 민주주의는 그리스시대 이래 지금까지 인간존중, 인간의 기본적 자유와 평등이라는 이상을 실현하기 위해 지속적으로 발전해 왔다. 17~18세기 서구에서 부르주아계급이 절대군주체제를 무너뜨리고 근대국가를 형성하면서부터 민주주의는 제도적으로 혹은 사상적으로 지배적 도구로 자리잡게 되었다. 근대국가가 형성되면서 시민이 직접 정치에 참여하던 고대의 민주주의가 시민을 대표하는 정치가에게 시민대신 정치에 참여하는 대의제 민주주의로 바뀌게 되었다.

그런데 만약 그리스 도시국가 시민들이 대의제 민주주의를 통해 정치가 이루어지는 것을 보았다면 어떻게 평가했을까? 아마도 이들은 선거라는 장치를 통해 직접 투표를 거쳐 정치담당자를 선출한다고 하더라도 이 정치담당자를 믿고 이들에게 정책결정권을 주는 것은 말이 되지 않는다고 생각했을 것이다.

1) 대의제 민주주의의 불가피성

직접민주주의가 대의제 민주주의로 변하게 된 것은 불가피한 측면이 있다. 그리스 내에 존재하던 도시국가는 인구가 적었고 규모도 작았기 때문에 시민모두가 한 자리에 모여 정치를 논할 수 있었다.

하지만 근대국가에서는 늘어나는 인구와 영토문제로 직접민주주의가 불가능하게 되었다. 그래서 시민의 직접선거를 통해 선출된 정치지도자에게 정치를 맡길 수밖에 없는 대의제 민주주의가 탄생하게 된 것이다.

근대국가의 형성과 함께 나타난 대의제 민주주의는 영국에서 가장 먼저 성립하였다. 국민이 직접 대표자를 선출해 국회라는 조직을 구성하게 하여 이를 통해 국민의 의사를 대변하게 했다. 이것은 국민이 뽑은 대표자를 국민이 관리할 수 있도록 해 국민의 주권을 반영할 수 있게 했다. 국민은 그들을 대신하는 대표자에게 권력을 위임함으로써 대표자의 정치적 행위가 국민에 의해 행사된 것으로 보는 것이다.

국민은 선거라는 주권행사를 통해 국정담당자를 관리한다. 국민은 대표자를 통해 정치적 결정에 참여하고 법률을 제정하는 등 주권을 행사한다.

국민주권원리를 바탕으로 하는 대의제 민주주의에서는 국민의 다양한 의사를 수렴해 국정이 반영되어야 한다. 국민의 의사, 즉 여론을 조직화하고 이를 국가정책에 반영하기 위해서 정당의 존재가 필수적이다. 민주주의 국가에서는 국민의 의사와 주장이 주로 정당을 통해 수렴되고 정치에 반영되기 때문에 정당의 대표자가 국민의 대표자 역할을 한다고 할 수 있다.

2) 대의제 민주주의의 한계

대의제 민주주의가 현실적으로 불가피한 것은 어쩔 수 없다고 하더라도 국민의 권한을 위임받은 대표자는 국민의 뜻을 적절히 반영해야 한다. 그런데 실제는 그렇게 운영되지 못하고 있는 것 같다.

선출된 정치인들의 정책결정이 국민의 의사를 제대로 반영하지 못하고 있고 때때로 비민주적으로 이루어지고 있다. 대의제 민주주의는 정당의 관료화, 비민주화로 운영방식에도 문제가 있다.

대의제 민주주의가 다수 국민이 지지하는 정부를 선택할 권리를 인정함과 동시에 소수의 권리도 존중하는 것이라면, 정부정책에 반대하는 개인이나 집단의 권리도 인정되어야 한다. 민주주의하에서는 국민이 정부를 선택하고 공직에 출마할 권리, 권력자를 탄원하고 국민의 의사를 알리기 위해 시위에 참여할 권리, 단체를 조직할 권리 등이 보장되어야 한다.[37)]

하지만 현재의 대의제 민주주의는 정권담당자를 선출할 권리와 같은 형식적인 제도에 머물러 있을 뿐 경제적 · 사회적 정의를 추구하고 사회적 평등을 확대하지 못하고 있다. 유권자인 국민의 역할 축소와 경제적 불평등의 심화로 인해 지금의 민주주의는 위기에 직면하고 있다. 이러한 대의제 민주주의 위기는 후진적 민주주의를 가지고 있는 국가뿐만 아니라 오랜 민주주의 역사를 가지고

있는 선진국에서도 심화되고 있다.[38)]

또한 대의제 민주주의는 국민의 의사가 대표인 정치가에 의해 왜곡된 채로 입법과정에 반영될 위험성이 있으며, 다수 국민의 의사와 반대되어 법률이 만들어질 가능성이 높고, 선출된 정치가가 공적인 약속을 지키지 않을 때가 많다.

"민주주의는 피를 먹고 자란다." 우리나라 국민의 가슴 속에 깊이 새겨져 있는 말이다. 우리나라에서는 4.19혁명, 광주민주화운동, 6.10항쟁, 지금 벌어지고 있는 촛불집회 등에서 보았듯이 수많은 투쟁과 희생을 통해 정치지도자를 직접 국민 손으로 선택할 수 있는 대의제 민주주의제도를 가지게 되었다.

하지만 가시밭길을 넘어 어렵게 이룩한 우리의 대의제 민주주의 하에서 국민의 정치참여는 아직도 선거 때의 투표참여 정도에 머물러 있는 것 같다.

3) 대의제 민주주의의 보완

대의제 민주주의는 직접민주주의가 현실적으로 실현하기 어렵기 때문에 도입한 방식이다. 그래서 대의제 민주주의 작동에 문제가 생기면 그에 합당한 보완책을 강구해야 한다.

대의제 민주주의를 보완하는 방법으로 크게 두 가지를 들 수 있다. 하나는, 국민발안, 국민소환, 국민투표라는 방식이다. 다른 하나는 정보통신기술을 이용한 전자민주주의 방식인데, 이것은 광장민주주의와 연결된다.

대의제 민주주의의 위기에 대한 대안으로 제시되고 있는 것이 직접민주주의 방식의 하나인 국민발안제도이다. 국민발안제도는 시민의 권리를 보장하기 위해 대표자의 입법과정을 견제하고 국민의 정치참여를 보장할 수 있는 방법이다.

이 제도는 어떤 현안과 관련해 국민이 직접 일정 수 이상의 국민 서명을 받아 법안을 국회에 제출하는 제도로서, 그 법안이 국민의 투표를 통해 결정되기 때문에 국민의 의사가 입법과정에 반영된다.

국민발안제는 국민이 직접 헌법개정안이나 법률안을 제출할 수 있는 제도인데, 현재 우리나라는 국민발안제를 채택하고 있지 않다.우리나라는 직접민주주의 방식의 하나인 국민투표제를 헌법에 명시하고 있으며, 국민소환제를 제한적으로 채택하고 있다.

국민투표제에 따르면, 국회가 의결한 헌법개정안은 국민투표에 부쳐야 하며, 대통령은 외교 · 국방 · 통일, 기타 국가안위에 관한 중요정책을 국민투표에 붙일 수 있다고 되어 있다.

국민소환제는 지방자치법 제20조에 근거하여, 주민의 선거에 의해 선출된 지방자치단체의 장이나 지방의원이 맡은 임무와 책임을 올바로 수행하지 않을 때 강제로 그 직을 그만두게 하는 제도이다. 2007년부터 국민소환제가 시행되고 있다. 하지만 지방자체단체의 장과 지방의원에게는 해당되나 대통령과 국회의원에 대한 소환제도는 없다.

전자민주주의는 국민이 SNS를 통해 직접 정치과정에 참여하는 민주주의를 의미한다. 전자민주주의는 정보통신기술의 발전과 함께 등장한 새로운 형태의 정치참여방식으로서, 대의민주주의의 한계를 보완하기 위해 활용되고 있다.

1990년대부터 정보통신기술이 우리의 현실생활에 활용되기 시작했다. 2000년대 초에는 인터넷이 급속히 발전되면서 면 대 면 상호소통의 벽을 무너뜨리고 가상공간이라는 새로운 정치적 공론장이 만들어졌다. 2010년대에 와서는 모바일과 SNS가 일상화되면서 이를 정치참여의 방식으로 활용하고 있다.

사실상 지구상의 모든 국가에서 채택하고 있는 대의제 민주주의는 어쩔 수 없는 현실로 받아들일 수밖에 없다. 하지만 선거를 통해 주권을 위임받은 대표자가 국민의 이익을 대변하기보다 자신의 이익을 더 추구하는가 하면, 국민의 이익과 주장을 정치과정에 충실히 반영하지 못하는 측면이 많았다.

이제 우리의 일상생활은 정보통신기술의 발달로 엄청난 변화를 겪고 있다. 정치, 경제, 사회, 문화 등 모든 방면에서 과거와는 달리 새로운 경험을 하고 있다. 특히 SNS의 발달로 정치과정에 국민이 직접 참여할 수 있는 방식이 다양해지고 넓어지고 있다.

정보통신기술로 말미암아 정치과정이 이전보다 더 투명하게 공개되고 있다. 이를 통해 국민은 원하는 정보에 용이하게 접근할 수 있다. 국민이 정보를 공유함으로써 정책결정과정이 투명해질 수 있고, 정치적 무관심이 줄어들 수 있다.

또한 과거에는 단순한 정보소비자 역할만 했던 국민이 이제는 개개 국민의 생각과 주장을 적극적으로 표출할 수 있게 되었다. 정부기관, 언론기관, 정당 등 다양한 조직에 접속해 자유롭게 자신의 견해를 전달할 수 있게 되었다. 국민은 이러한 온라인 상의 의견교환과 토론을 통해 여론을 어느 정도 주도해 나갈 수 있게 되었다.

국회의원선거나 대통령선거과정에서 네티즌의 역할은 점점 확대되고 있으며 SNS의 비중은 계속 높아지고 있다. 전자민주주의가 활성화되기 시작한 2000년대 초반에는 인터넷을 이용하던 네티즌의 쏠림현상이 있었다. SNS를 자유자재로 활용할 수 있었던 젊은 층과 그렇지 못한 중장년 층과의 괴리현상이 뚜렷했다.

하지만 2000년대 중반 이후 인터넷 쏠림현상은 이전보다 상당히 적어진 것 같다. 그것은 우리 사회에 중장년층을 포함해 노년층까지 휴대폰을 가지지 않은 사람이 없을 정도가 되었고, 또 SNS가 보편화되었기 때문이다. 아직도 젊은 층에 비해 중장년 층은 적극적으로 자신을 드러내면서 자기의 주장을 밝히려 하지 않은 측면이 남아있긴 하지만 말이다.

전자민주주의는 대의제 민주주의의 단점을 보완하는 중요한 역할을 하고 있다. 하지만 전자민주주의도 여러 가지 문제점을 가지고 있다.

첫째, 견해를 달리하는 사람들 간 소통문제이다. 자기와 다른 입장을 가지고 있더라도 이를 인정하고 이해하는 관용정신 부족이 문제이다. 오프라인과는 달리 사이버 상에서는 대부분 익명성이 보장된다. 그러다 보니 토론과정에 한계를 넘는 표현이 수시로 나타나고, 이 때문에 감정이 상할 수 있다.

이성적 · 합리적 설득 공간이 되어야 할 토론장이 상대방을 비방하고 무시하는 표현으로 가득 찰 때가 많다. 관용과 다양성을 인정하는 문화정착이 시급히 요구된다.

둘째, 온라인 상의 의견이나 주장이 현실정치에 반영되는 사례가 그렇게 크지 않다는 점이다. 최근에 와서 정부기관, 국회의원, 정당 등 정치적 영향력이 큰 조직에서도 네티즌의 영향력을 인정해 홈페이지를 잘 꾸며놓고 국민의 의사를 반영하려고 노력하고 있다.

하지만 이들 기관에서는 듣고 싶은 것만 듣고 보고싶은 것만 보는 경향이 있는 것 같다. 그래서 현안문제에 대한 토론은 많으나 정책에 반영되는 부분은 적은 것 같다.

셋째, 아직도 전자민주주의에 참여하는 국민은 젊은 층에 쏠려 있는 것 같다. 2017년 현재도 전자민주주의를 이해하는 정도가 젊은 층과 중장년 층 간 차이가 있다. 예를 들어, 정치관련 여론조사를 할 때, 집 전화 응답율과 휴대폰 응답율에 따라 결과가 상당히 달라진다고 한다.

노년층의 증가는 시대적 흐름이다. 젊은 사람이 나이를 먹으면 노년이 되지만, 그래도 정치참여 과정에 노년층이 전자민주주의 과정에서 배제될 가능성이 있다.

이러한 단점에도 전자민주주의는 앞으로 민주주의 정치과정에서 더욱 중요한 위치를 차지할 것으로 예상된다. 광장에서 타오르기 시작한 2016년 촛불집회는 전자민주주의 활용의 전형적인 예라

할 수 있다. 네티즌이 무능하고 무책임한 정권에 항거하기 위해 국민을 자발적으로 광장으로 나오게 했던 것이다. 이것을 전자민주주의의 또다른 형태인 광장민주주의라고 부를 수 있다.

4) 광장민주주의의 의미

광장(open space)은 도시의 중심부에 있는 열린 공간이다. 그리스와 로마시대에 광장은 시민이 주체적으로 자신의 견해를 밝히면서 토론하는 장소였다. 아테네에는 아고라(Agora)라고 알려진 광장이 있었는데, 이 아고라의 의미는 '사람이 모이는 곳'이라고 한다. 로마에는 포럼(Forum)이라는 것이 있었다. 포럼은 시민이 모여 토론하고 대화하는 공간이었다. 우리나라 대부분 도시에도 크고 작은 광장이 있는데, 가장 대표적인 광장이 광화문광장이다.

최근 계속되고 있는 촛불집회는 바로 SNS를 매개로 한 광장민주주의의 한 사례이다.[39)] 대통령의 무능과 무책임에 대해 국민이 직접 광장에 모여 결집된 주장을 표출해 냄으로써 정치에 참여하고 있다. 일단 선출되고 나면 국민보다 자신의 안위를 챙기는 대표자를 응징하는 방식이다.

한시적으로 대표자에게 국민의 주권을 위임했음에도 선출된 정치가는 자기가 주인인양 권한을 잘못 행사할 때가 있다. 국민이 자발적으로 직접 광장에서 주인됨을 표현하는 것이 광장민주주의이다.

8. 한국 민주주의의 흐름과 과제

해방과 더불어 우리나라에 서구민주주의가 들어왔으나 우리의 전통과 상황 등이 서구와 달랐기 때문에 순조롭게 발전하지 못했다. 하지만 민주주의가 들어온 지 그렇게 긴 기간이 지나지 않았음에도 우리나라는 상대적으로 나은 수준의 민주주의를 운영해 오고 있다. 그 원인 중 하나는 우리의 전통 속에 민주적 유산이 어느 정도 내재해 있었기 때문인 것 같다. 이와 관련한 우리의 지난 역사를 간략히 살펴보자.

신라시대의 화백회의, 고려시대의 대간제와 사심관제, 그리고 조선시대의 사헌부, 사간원, 홍문관의 3사제도 등 왕권을 견제하던 장치가 있었다. 또한 정약용과 같은 사상가는 군주기능의 정당성을 논하면서 주권재민을 주장하기도 했다. 물론 과거 역사에서 발견할 수 있는 민주적 요소는 민(民)집단을 양반계급을 보완하는 시각으로 파악했기 때문에 서구의 시민계급과는 성격이 달랐다.

1910년 일본의 불법적 침탈로 조선이 망하자 독립을 추진하고자 한 우리 민족의 노력은 대단했다. 대표적인 독립운동으로 1919년의 3.1운동을 들 수 있다. 이 민족적 항쟁은 비록 실패했지만 조국의 독립을 위해 지도자들은 중국으로 망명하여 계속적으로 일본에 항거하였다. 이들은 1919년 상해에 임시정부를 수립하여 국호를 대한민국으로 결정하고, 국무총리를 수반으로 하는 민주공화제를 채택하였다.

임시정부는 국무원을 조직하여 국무총리 하에 내무, 외무 등 6부를 두고 이들 책임자를 민주적 투표를 통해 선출했다. 그 후 임시정부는 해방을 맞을 때까지 독립운동의 구심점이 되었다. 하지만 이러한 전통이 해방 후 도입된 민주주의에 어느 정도 직접적으로 영향을 미쳤는지 구체적으로 확인하기는 어려운 것 같다.

이제 해방 이후부터 지금까지 우리나라 민주주의의 전개과정을 역대 정권 별로 간략히 살펴보기로 한다. 이러한 전개과정의 검토는 우리 민주주의의 맥락을 이해하는데 도움이 되리라 여겨진다.

1) 우리나라 민주주의의 전개과정

가) 이승만정권과 장면정권

1948년 정부수립으로 출발한 대한민국은 민주주의 이상과 원리에 바탕을 둔 민주주의제도를 도입했다. 하지만 우리의 풍토에서 민주주의가 효과적으로 작동될 수 없었음은 당연했다. 더구나 1950년 한국전쟁이 발발하자 이승만정권은 대통령의 권한을 강화하고 정부의 통제력을 높이기 위해 대통령간선제를 직선제로 바꾸는 헌법개정을 시도했다.

1960년 이승만정권이 집권연장을 위해 부정선거를 시도하자 국민의 거국적인 저항운동인 4.19혁명이 일어났다. 대다수의 국민들은 정 · 부통령선거 무효를 주장하고 재선거를 주장했다. 이 문제로 인해 집권여당이었던 자유당이 몰락하고 이승만 대통령은 하와이로 망명했다.

4.19혁명으로 집권한 민주당출신의 장면정권은 이승만정권의 잘못된 유산을 청산하고 억압되어 왔던 민주주의이념을 구현해야 했다. 또한 정치사회적 안정과 경제성장도 시급한 과제였다. 이러한 시대적 요구에 따라 1960년 말 헌법을 개정했다. 3.15부정선거와 관련된 반민주인사와 부정축재자를 처벌하였고, 혼란한 사회를 안정시키고 법질서를 유지하는데 총력을 기울였다.

대통령제에서 내각책임제로 정부형태를 바꾸었고, 국회도 단원제에서 양원제를 채택했다. 이승만정권에서 억눌려 왔던 국민은 장면정권의 능력을 벗어난 자유와 권리를 요구하였다. 장면정권은 이러한 요구를 수용하고 조정할 수 있는 정치적 능력이 없었다.

장면정권은 정통성 면에서는 문제가 없었으나 효율성 면에서는 취약했다. 정치사회적 안정과 최소한의 경제적 요구를 충족시켜 줄 수 있어야 했는데 장면정권은 이들 중 어느 것도 해결해 주지 못했다. 결국 제2공화국 장면정권은 1961년 박정희가 주도한 5.16 쿠데타에 의해 그 명을 다하고 말았다.

나) 박정희정권

쿠데타 직후부터 1963년 12월 민정이양 때까지 박정희군부는 기존의 권력기구를 해체하고 새로운 권력기구를 만들었다. 군부세력은 국회를 해산하고 지방자치제를 정지시킨 후, 권력행사의 최고기구로 국가재건최고회의를 설치했다. 또 정당과 사회단체를 해산하고 정치활동정화법을 제정하여 구정치인의 정당활동을 금지시켰다.

1963년 12월 국민투표를 거쳐 제3공화국 헌법이 마련되었다. 이어 박정희가 제5대 대통령선거에서 대통령으로 당선되었다. 박정희정권은 의회민주주의의 보장과 언론자유 확대 등 민주적 기본원칙을 지키려고 노력하는 듯하였다.

박정희 정권은 조국근대화라는 기치를 내걸고 경제개발계획을 추진하였다. 이러한 계획은 어느 정도 성과를 거두게 되었고 국민들로부터 지지를 얻게 되어 정권의 정당성을 일부 확보할 수 있었다. 이것은, 당시 관권선거 같은 비민주적 방법이 동원되었지만, 1967년에 실시된 대통령선거에서 박정희 후보가 야당의 윤보선 후보를 제치고 대통령으로 선출된 결과로 나타났다.

1969년 가시적 경제성장에 자만했던 박정희 대통령은 국민들의 민주화 요구를 무시하고 3선 개헌이라는 장기집권 방식을 모색하였다. 아무리 경제적 성과를 거두었다는 평가를 받았더라도 대통령 3선을 위한 개헌은 무리였다. 그럼에도 1971년 대통령선거에서 박정희 후보는 야당의 김대중 후보를 물리치고 당선되었다.

재집권에 성공했음에도 박 정권은 부정선거 · 관권선거 등의 오점을 남겨 정통성의 위기를 초래하였다. 이와 같은 정통성의 위기는 10월 유신이라는 비정상적 체제의 출현을 가져왔다.

1972년의 10월 유신은 그나마 겨우 명맥만 유지해 가던 우리 사회의 민주주의를 질식시켜 버렸다. 국회가 강제로 해산되어 버렸고, 대통령 간접선거를 핵심으로 한 유신헌법이 만들어졌다. 유신체제는 대통령의 1인 절대권력과 영구집권을 위한 제도적 기반을 마련한 것으로서, 행정은 물론, 입법과 사법을 대통령이 사실상 완전히 장악할 수 있게 했다.

1972년 12월 제4공화국 정권이 출범하자 야당과 재야인사들은 정통성이 결여된 유신체제에 대한 반대운동을 전개하였으며, 이에 박정희정권은 긴급조치(1~9호)를 발동하여 국민의 저항을 무자비하게 탄압했다.

대통령의 권력은 거의 절대적이었던데 반해 일반 국민의 기본적 권리와 정치적 자유는 엄청나게 위축되었다. 언론, 출판, 집회, 결사 등 기본적 자유와 노동권은 최악의 상황으로 축소되었다. 우리나라에 맞는 민주주의를 해야 한다면서 주창한 박정희정권의 '한국적 민주주의'는 바로 독재주의였다.

여기에서 우리는 남미의 관료적 권위주의정권과 유신정권을 비교해 볼 필요가 있다. 이 두 정권을 비교해 보았을 때, 다음의 두 가지 점에서 차이를 발견할 수 있다. 첫째로, 남미의 관료적 권위주의정권 탄생이 민중계층의 집권을 방지하기 위한 것이었다면, 유신정권 탄생은 이미 확립된 권위주의 통치를 강화하기 위한 것이었다.[40] 둘째로, 남미정권에서는 안보와 군사화의 비중이 상대적으로 낮았던 데 비하여, 유신정권에서는 이들의 비중이 월등히 컸다는 점[41]을 들 수 있다.

1978년 통일주체국민회의의 형식적 투표에 의해 박정희는 제9

대 대통령으로 선출되었다. 이 때 야당과 재야세력이 대통령간선제를 직선제로 바꾸자는 개헌문제를 제기하자 박정희정권은 야당총재였던 김영삼을 국회에서 제명하고 일체의 정치활동을 정지시켰다. 김영삼의 제명으로 반체제운동은 더욱 격화되었고, 특히 부산 · 마산지역에서는 민중봉기형태의 강력한 시위가 발생하였다.

이러한 일련의 반체제운동은 박 정권 내부의 갈등과 분열을 가져오게 하였다. 결국 1979년 10월 김재규 당시 중앙정보부장의 박 대통령 시해로 유신독재체제는 종말을 고하게 되었다.

다) 전두환정권과 노태우정권

박정희 대통령의 궐위로 국무총리였던 최규하가 대통령 권한대행으로 임명되었다. 최규하 대통령권한대행은 제주도를 제외한 전국에 비상계엄을 선포한 후 유신헌법을 폐기하기로 결정하였다. 지긋지긋한 독재정치가 끝나고 새로운 민주주의 기운이 피어나고 있었다.

당시 신군부세력이 12.12쿠데타를 일으켜 권력획책을 모의하고 있었다. 그런데 1980년 초 이른바 '서울의 봄' 기간 동안, 김영삼, 김대중, 김종필 등 세 김씨의 정치활동이 허용되어 대권경쟁이 가속화되고 있었다. 시민, 노동자, 농민, 학생 등 각계각층의 욕구분출로 사회는 상당히 어수선하였다.

이러한 상황에서 신군부 세력은 본격적으로 정치권력을 장악하기 위해 1980년 5월 17일, 계엄령을 전국으로 확대하였다. 민주화를 위한 투쟁이었던 광주항쟁을 무력으로 진압한 후, 전두환이 통일주체국민회의에서 대통령으로 선출되었다. 대통령에 취임한 전두환은 헌법을 개정한 후, 1981년 대통령선거인단에 의해 7년 단임 대통령으로 다시 선출되어 제5공화국 정권이 정식으로 출범하였다.

국민들로부터 정통성을 인정받지 못한 전두환정권은 통행금지 폐지, 교복자율화 등 규제완화정책을 펴면서 국민의 지지를 얻고자 하였다. 다른 한편, 태생적 한계를 가지고 있던 전두환정권은 정치적 비판세력에 대해서 가혹한 조치를 취했다. 우리나라는 다시한번 민주주의의 후퇴를 경험하지 않을 수 없었다.

전두환정권은 1987년 4월 개헌을 유보하는 호헌조치를 취했다. 전두환정권의 개헌유보 조치는 즉각적으로 야당, 재야세력, 학생 노동자 등 대다수 국민의 분노와 저항운동으로 나타났고, 이는 '6월 항쟁'으로 이어졌다. 벼랑 끝으로 밀린 전두환정권은 직선제로의 개헌을 핵심으로 한 6.29선언을 통해 정권위기를 모면할 수밖에 없었다.

6.29선언의 핵심은 대통령 간선제를 직선제로 바꾼다는 것이었다. 그런데 군정을 마감하고 민주화를 한 단계 진전시킬 수 있었던 절호의 기회가 주어졌는데도 이 기회를 살리지 못했다. 김대중과 김영삼 양 김씨의 권력욕 때문에 야권이 분열됨으로서 1987년 12월에 실시된 대통령선거에서 민정당 노태우 후보가 대통령으로 당선되었다.

1988년 2월 출범한 노태우정권은 여야 합의 헌법에 근거해 당선된 평화적 · 합법적 정권이었다. 하지만 노 대통령 자신이 신군부 세력의 핵심이었고 또 총 유권자의 36.6%의 지지만으로 당선되었기에, 당시 민주화 추진세력은 노태우정권을 명실상부한 민주주의 정권으로 인정하지 않았다.

노태우정권은 형식상으로는 문민정권이라고 할 수 있었으나 권위주의에서 민주주의로, 그리고 군부정권에서 민간정권으로 이행하는 과도기적 성격을 가진 정권이었다고 할 수 있다.

형식적 정당성을 획득하였지만 국민들로부터 실질적 민주주의 정권으로 인정받지 못했던 노태우정권은 민주화를 위한 개혁과 경제정의 실현, 북방 · 통일정책 등을 통하여 정치적 정당성을 확보하고자 하였다.

1989년 문익환과 임수경의 북한 밀입국사건이 터지자 노태우정권은 재야의 통일운동과 반체제운동에 강력히 대응하였다. 특히 당시 동유럽 사회주의정권의 몰락으로 보수세력의 입지가 강화되자 노태우정권은 더욱 보수적 색채를 띠게 되었다.

라) 김영삼정권

1992년 12월 18일 대통령선거에서 민자당 김영삼 후보가 대통령으로 당선되었다. 김영삼정권은 1960년 장면정권 이후 처음으로 탄생한 민간정권이라고 일단 평가할 수 있다. 김영삼정권의 주된 과제는 노태우정권에서부터 시작하려 했던 정치적 자유화와 민주화를 정착시키는 것이었다. 이를 위해 군부정권의 잘못된 유산을 제거하였고 군 내부의 핵심조직이었던 하나회를 해체하는 등 군부의 정치개입을 차단하였다.

이 과정에서 대통령 재직시 불법적으로 조성한 비자금문제가 폭로되어 노태우 전대통령이 구속되었다. 그리고 1979년 12.12쿠데타의 핵심인물이었던 전두환 전대통령도 반란주동자로 구속되었다. 김영삼정권은 군부정권과의 단절, 금융실명제 실시, 지방자치제의 확대 등을 통해 민주주의를 위한 제도적 발판을 마련했다.

이처럼 김영삼정권은 어느 정도의 민주적 정책과 과제를 시행함에 따라 형식상으로는 민주화수준을 한 단계 높였다고 평가할 수 있다. 하지만 실질적으로는 이전 정권과 마찬가지로 대통령 1인 지배체제를 벗어나지 못했다. 법이나 제도를 통한 개혁보다는 대통령 개인주도의 개혁을 추진함에 따라 권위주의적 문민정권이라는 비판을 받았다.

문민정권으로서 미래를 보는 안목과 능력을 조금 더 발휘했더라면 좋은 평가를 받을 수 있었을텐데 하는 아쉬움이 크다. 과거부터 관행으로 되어 오던 정경유착의 고리를 끊어내지 못하고 한보 및 기아사태 등 권력형 비리사건 등으로 인해 김영삼정권은 결국 IMF 구제금융에 의존하는 국가적 위기사태를 초래하고 말았다.

마) 김대중정권과 노무현정권

제14대 대통령선거에서 패배한 김대중은 정계를 은퇴하였으나 1995년 정계에 복귀하여 새정치국민회의를 창당하였다. 그리고

1997년 대통령선거에서 김대중이 당선되었다.

김대중정권은 외형상으로는 정당간의 수평적 정권교체였으나 내용상으로는 민주화 세력과 5.16 쿠데타 세력 및 유신주도세력이 연합해 성립된 정권[42]으로 볼 수 있다.

김대중정권은 전임 김영삼정권으로부터 최악의 경제위기상황을 물려받은 상태에서 출발하였고, 또 여당인 새정치국민회의가 국회 다수의석을 획득하지 못한 상태였기 때문에 국정운영에 어느 정도의 한계를 가지고 있었다. 하지만 이미 김영삼정권 시절 군부세력의 청산이 이루어졌기 때문에 김대중정권은 경제위기 극복에 집중할 수 있었다.

김대중정권은 특히 교류와 협력을 통해 북한과의 관계를 우호적으로 변화시키고자 했다. 대북포용정책을 기조로 남북한 간에 다양한 접촉과 교류를 시도했다. 통일논의도 활발하게 전개되어 그 어느 정권에서보다 다양한 통일관련 담론이 전개되었다. 2000년에는 북한을 방문해 최초로 남북정상회담을 가져 통일의 발판을 놓기도 했다.

김대중정권을 이어받은 노무현정권은 한 · 미 간 수평적 외교관계를 유지하려고 노력했다. 자주국방을 주장하면서 미국으로부터 전시작전통제권을 반환받고자 했고, 한 · 미 FTA를 체결하여 경제성장을 도모했다.

특히 노 정권은 평화번영정책이라는 통일정책을 통해 김대중정권의 대북기조를 계승했다. 북한과 다양한 교류와 협력을 통해 남북관계를 진일보시켰다. 전자정부를 구축하여 정부에 대한 국민의 신뢰도를 높였다.

노무현대통령은 보통사람도 대통령이 될 수 있음을 보여줌으로써 국민의 정치참여도를 강화시켰다. 우리 사회의 핵심 권력기관이었던 국정원과 검찰을 대통령의 정치과정으로부터 분리시켰다. 그래서 역대 정권 가운데 노무현정권 시기를 실질적 민주주의가 가장 잘 보장되었던 기간이었다고 평가할 수 있다.

바) 이명박정권과 박근혜정권

노무현정권에 이어 출범한 이명박정권은 '작은 정부, 큰 시장'을 기조로 한 경제성장을 핵심목표로 삼았다. 하지만 이 정권의 경제정책이 대기업위주로 전개됨으로서 중소기업은 더욱 어려운 상황에 처해졌다. 자원외교, 4대강 사업 등 외형적 경제성장에 치중한 나머지 실질적인 경제발전을 이루어내지 못했다.

이명박정권은 권력을 최대한 청와대로 집중토록 했으며, 한미동맹을 강화해 나가고자 했다. 정치과정 속에 검찰과 국정원을 다시 집어넣어 정권의 권력을 강화시켰다. 이와 반대로, 이전 정권에서 보통사람이 꽤 누릴 수 있었던 언론, 출판, 집회, 결사의 자유 등이 위축되어 우리 민주주의가 후퇴했다는 평가를 받기도 했다.

남북관계도 이전 정권에 비해 악화되었다. 흡수통일을 바탕으로 엄격한 상호주의원칙을 적용하다 보니 남북관계는 더욱 나빠졌다.

이명박정권의 뒤를 이은 박근혜정권은 집권 후 2016년 12월 국회에서 탄핵안이 가결될 때까지 정치, 경제, 사회 문화 어느 면에서도 긍정적인 정치를 하지 못했다. 박근혜라는 인물은 미래를 바라보는 안목, 행정능력, 책임감, 역사의식, 소통에 이르기까지 부족한 것이 너무 많은 채 최고권력자가 되었다.

그렇기 때문에 지금 진행 중인 탄핵정국의 영향으로 우리의 민주주의가 앞으로 나아가기는커녕 후퇴하고 있다. 박 정권을 통해 얻을 수 있는 시사점은 다시는 이러한 무능하고 무책임한 사람을 대통령으로 뽑지 말아야 한다는 것이다.

2) 우리나라 정치문화의 특징

한 국가에 공통적으로 존재하고 있는 생활양식, 관습, 전통, 가치 등을 우리는 문화라고 한다. 사람은 누구나 자기가 태어난 곳의 영향을 받게 마련이다. 만약 민주주의적 전통이나 생활방식이 일상화된 곳에서 자란 사람은 대체로 민주주의적 태도와 관습을 존중할 것이다. 그 반면, 권위주의적 전통이나 생활방식이 일반화된 곳에서 성장한 사람은 권위주의적 태도와 관습을 중시하는 경향이 있다.

문화는 여러 가지 하위문화, 즉 청년문화, 노인문화, 여성문화, 대학문화 등으로 세분된다. 그 중 하나가 정치문화인데, 정치문화란 정치체계 구성원 개개인이 정치체계에 대하여 가지고 있는 태도 및 정향성의 유형이라 할 수 있다. 다시 말해서 정치문화는 한

국가 구성원들이 정치에 대해서 가지고 있는 태도, 가치, 의식 등을 의미한다.

최근 세계화의 확산과 함께 우리의 정치문화도 현실적인 변화를 모색하고 있다. 모든 것에는 장단점이 있듯이 우리나라 정치문화도 긍정적인 면과 부정적인 면을 동시에 가지고 있다. 우리나라 정치문화의 특징을 몇 가지로 나누어 검토해 보기로 한다.

가) 우리나라 정치문화의 특징[43)]

첫째, 권위주의 정치문화이다. 권위주의는 농경사회에서의 생산구조와 밀접한 연관이 있는 것 같다. 농경사회에서는 노동력이 아주 중요한데, 일반적으로 남성이 여성보다 우월한 노동력을 가진다. 농사를 잘 짓기 위해서는 물, 바람, 비 등 자연적 기후를 예측할 수 있어야 하고 또 외부의 침략을 막아야 한다. 이를 위해서 그 사회를 이끄는 지도자가 필요했다.

농사일에 능통하고 외부 적에 대비하는 능력을 가진 지도자에게 복종하는 것이 당시 사회에서는 미덕이었다. 그런데 이와 같은 필요에 의해 생겨난 권위가 변질되어 권력자는 지배하고 군림하는 권위, 즉 권위주의로 변화되어 버렸다고 생각된다.

우리나라에서 권위주의는 군주와 신하, 양반과 상민, 남성과 여성 등의 위계질서 구조 속에서 많이 나타났다. 우리는 민주주의사회에 살고 있으므로 자유, 평등, 인권 등이 보장되어야 한다고 생각하고 있다. 하지만 우리의 내면에는 아직도 가부장적 권위주의

의식이 잠재되어 있다고 여겨진다.

다행스럽게도 최근 다양성과 다원성 그리고 평등을 추구하는 시대적 흐름과 함께 이러한 권위주의적 사고는 점차 사라지고 있다. 특히 김대중, 김영삼, 김종필로 대표되는 3김 정치가 막을 내림에 따라 권위주의정치가 상당히 개선되었다.

둘째, 공동체주의이다. 옛날부터 우리 민족은 농업을 기초로 하여 가족주의적 공동체생활을 해왔다. 삶의 반경이 일정하였기 때문에 자신이 속한 공동체 속에서 자아가 형성되었다. 구성원은 개인보다는 공동체를 우선적으로 생각했다. 뿐만 아니라 공동체 내에 속한 개인에 대한 평가도 공동체 구성원 간의 관계 속에서 이루어졌다.

우리의 공동체주의에는 혈연, 지연, 학연, 의리, 협동, 집단우선주의 등이 자리잡고 있었다. 이성적인 측면보다 감성적인 측면을 중시했다. 갈등상황이 존재할 때에 이성적으로 해결하기보다 양보와 정으로 문제를 풀어나갔다. 개인의 이익추구 때문에 공동체 전체의 위기를 가져오게 하는 것은 잘못이라고 보았다.

그러나 서구문화의 급격한 유입으로 우리 사회에 개인주의적 사고와 행태가 일상화되고 있다. 이러한 측면은 한편, 공동체의 유대감을 약화시키는 문제점을 안고 있으면서도 다른 한편, 개인의 주체성과 정체성을 명확히 인식함으로서 민주주의의 발전에 긍정적인 역할을 한다고 생각된다.

셋째, 이분법적 사고를 들 수 있다. 흑백논리식 이분법적 사고는 합리적 조정이나 타협을 허용하지 않는다. 이러한 의식구조의 원인을 다음의 3가지[44]로 요약할 수 있다.

첫째로, 일제지배 하의 독립투쟁과정에서 친일과 항일을 구분하여, 친일을 매도하고 항일을 영웅시하던 윤리의식이 내면화되었기 때문이다. 둘째로, 건국 당시의 반공투쟁이 이분법적 사고와 투사정신을 고양시켰기 때문이다. 셋째로, 획일주의 군사문화가 타협주의 정치문화를 잠식함으로 인해 중용의 미덕이 설 자리를 잃어버렸기 때문이다.

1990년대에 이후 포스트모더니즘의 영향과 냉전체제 종식으로 다양성을 강조하는 문화가 중시되고 있다. 우리 사회에도 흑백논리식 사고는 줄어들고 있으며 서로의 입장을 대등하게 인정하는 풍조가 늘어나고 있다. 하지만 지금도 선거 때가 되면 '종북 대 보수꼴통'이라는 잘못된 이분법적 논리가 사회를 혼란스럽게 하고 있다.

넷째, 파벌주의이다. 파벌주의는 인맥, 지연 혹은 학연 등의 관계를 통해 자기 진영에 속하지 않는 사람을 무시하거나 적대시하면서 특정 집단의 이익을 독점하는 것을 의미한다. 파벌주의가 역사적 전면에 나타나게 된 때는 조선시대부터이다.

조선시대에는 관직을 '벼슬' 또는 '감투'라고 생각하고 이것을 차지하면 정치적 권세, 경제적 부와 사회적 명예 등이 따랐기 때문에 양반 엘리트간의 관직을 둘러싼 갈등이 심하여 대립과 분쟁이 격화된 때가 많았다.[45]

물론 선거운동 과정에 자기가 태어난 고향이나 지방 혹은 출신 학교를 연(緣)으로 해서 지지를 호소하는 것은 자연스러운 현상이라 할 수도 있다. 그러나 문제는 당사자들이 이 연에 지나치게 얽매인다는 것이다. 당연히 지역주의문제와도 연관이 된다.

최근에도 국회의원선거나 대통령선거에서 유권자가 후보자의 인물 됨됨이와 정책 등을 꼼꼼히 따져보지 않고 학연, 지연, 혈연에 따라 무비판적으로 표를 던져버리는 경향을 자주 발견할 수 있다. 파벌주의는 별로 크지도 않는 대한민국을 이중 삼중으로 분열시켜 국가의 공동이익 추구에 걸림돌로 작용하고 있다.

다섯째, 불신주의를 들 수 있다. 불신주의는 개인 대 개인과의 관계보다 정치적 문제와 더 관련성이 있다. 이승만정권 출범 이후 오랜 권위주의 독재정치를 경험하였던 우리 국민은 정치에 대한 불신감과 거부감을 강하게 가지게 되었다. 정치지도자의 공약이나 정책이 국민을 위해서가 아니라 소수집단의 이익과 입지강화를 위해 자주 이용되었다. 또한 법은 누구에게나 공평하게 적용되어야 함에도, 일부 기득권세력이 법의 형평성을 손상시키는 경우가 많았다.

이와 같은 이유 때문에 국민은 정치에 대해 강한 불신감을 가지게 되었고, 정부의 정책이나 약속에 대해 냉소적 입장을 취하게 되었다. 특히 부정부패사건이 정부여당과 연관된 경우, 그 사건이 공정한 절차를 거쳐 합리적으로 처리된 적이 거의 없었다. 이러한 현상이 누적되다 보니 국민은 정부를 신뢰할 수 없게 되어버린 것이다.

불신감이 팽배한 사회는 목적이 수단을 정당화시키는 마키아벨리적 방식을 선호하게 된다. 국민은 정치에 대해 냉소적 입장을 가지게 되고 정치적 무관심 현상이 나타난다. 민주주의사회란 서로를 믿고 신뢰하는 사회이다. 불신주의가 팽배하면 민주주의의 기본원칙을 손상시키게 되어 선진적 정치로 나아갈 수 없다.

3) 우리나라 민주주의의 과제[46)]

민주주의의 확산은 세계적 추세이다. 우리나라도 제도적으로 그리고 의식적으로 민주주의 수준을 높이고자 노력하고 있다. 선거, 정당 혹은 국회제도 등 제도적 측면은 상당한 수준에 와 있다고 할 수 있으나, 의식적 · 행태적 측면은 아직 낮은 수준에 머물러 있다.

2017년을 맞아 우리나라의 민주주의가 보다 발전되고 성숙해지기 위해서는 다음과 같은 몇 가지 과제를 해결하는데 큰 노력을 기울일 필요가 있다.

첫째, 법과 제도의 민주적 운영이 필요하다. 앞에서도 살펴보았듯이, 1987년 민주항쟁 이후 제도적 부문의 수준은 꾸준히 높아지고 있다. 최근에 와서 선거법이나 선거제도 등이 선진국 못지않게 정비되어 자리를 잡아가고 있다. 하지만 아직도 정치지도자와 국민의 의식수준과 행태는 기대에 미치지 못하고 있다.

중남미에 위치한 멕시코라는 국가는 1934년 이래 지금까지 6년 단임 대통령선거제도가 한 번도 깨지지 않고 지켜져 오고 있다. 제도적 면만 본다면 선진국 감이다. 하지만 멕시코를 선진국이라고 하지 않는 이유는 멕시코 국민과 정치지도자의 의식과 행태에 많은 문제가 있기 때문이다. 지도자의 부정부패, 정경유착, 국민의 정치의식 등의 문제가 해결되지 않고 있다.

둘째, 민주주의의 발전을 위해서 지역주의와 파벌주의의 완화와 극복이 필요하다. 우리나라의 정치문화에서도 지적했듯이, 선거 때만 되면 나타나는 이러한 지역주의와 파벌주의 문제는 민주주의발전에 큰 걸림돌로 작용하고 있다.

현재의 지역주의 · 파벌주의 문제를 완화할 수 있는 방안은 국민의 정치의식 수준이 높아지는 것이다. 지난 20대 국회의원선거 때 여당이었던 새누리당소속 후보가 광주에서, 민주당소속 후보가 대구에서 당선되었다. 이러한 현상이 많아질 때 지역주의와 파벌주의가 극복될 수 있다.

셋째, 가능한 한 부정부패를 줄이고 없애야 한다. 아마도 지구상 어느 국가도 정도의 차이는 있으되 부정부패로부터 자유로운 나라는 없을 것이다. 그렇다고 하더라도 우리나라의 부정부패는 도를 넘어 국가를 위기상황으로 빠뜨리는 중요한 원인이 되고 있다.

특히 오랜 정경유착 관행으로 정치에 대한 국민들의 불신감과 냉소감은 대단하다. 2016년에 통과된 김영란법 시행으로 부정부패와 정경유착이 줄어들고 있는 것 같으나, 사회전반에 걸쳐 존재하는 부정과 부패의 고리는 아직도 여전한 것 같다.

북한같은 공산주의사회에도 소수 특권계급 중심으로 부정부패가 심각하다. 민주사회가 공산사회보다 우월하다고 하면서 부정부패는 더 심각하다면 문제가 아닐 수 없다. '윗물이 맑아야 아랫물이 맑다.'는 격언과 같이 부정부패를 뿌리뽑겠다는 지도층의 의지와 행동이 민주주의 발전에 필수적이다.

넷째, 민주주의 발전을 위해 복지정책의 확대가 필요하다. 1929년의 대공황과 제2차 세계대전을 겪은 서유럽국가는 자본주의와 사회주의의 장점을 결합하여 경제적 평등 실현을 위해 복지정책을 실시하였다. 이들 국가는 1950~60년대의 경제성장기에 사회적 약자를 위한 복지정책을 공고히 하면서 '인간의 얼굴을 한 자본주의' 즉, 사회민주주의를 주창하였다.

그런데 1970년대 중반, 세계경제가 불황기에 접어들자 복지국가의 위기론이 등장하였다. 복지국가 위기의 원인은 경제성장률 저하, 실업자 증가, 노동의욕 감소, 재정적자 확대, 공공기업의 비효율성 등이었다. 그래서 1980년대가 되자 이들 국가는 시장에 대한 정부의 간섭과 지출을 줄이고 국영기업의 민영화 등을 통해 위기를 이겨내려고 노력하였다.

이것이 영국의 대처수상과 미국의 레이건 대통령이 주장했던 신자유주의이다. 신자유주의는 조직의 구조조정을 통해 효율성이 높아져 국가경쟁력을 강화하는 데는 단기적인 효과가 있었다. 하지만 약자를 배려하는 사회보장정책이 축소되어 빈부격차가 더욱 벌어졌다.

이 신자유주의 경제정책을 비판하면서 나온 것이 영국과 프랑스 등에서 제기되었던 '제3의 길'[47]이다. 이것은 사회민주주의의 강점인 평등과 신자유주의의 강점인 효율성을 적절히 조합한 것으로서, 복지정책을 어느 정도 줄이면서도 효율성 강화를 통해 경제사회적 평등을 확보하고자 한 것이다.

민주주의가 발전되기 위해서는 복지정책의 정착과 확대가 절실히 요청된다. 우리의 경우 사회복지에 대한 인식이 엷고 이와 관련된 예산도 적다. 최근 정부의 복지정책이 늘어나는 추세로 가고 있다. 무분별한 복지확대는 안되지만, 국가재정의 적절한 배분을 통해 복지관련 정책의 확대가 필요하다고 생각된다.

다섯째로, 통일을 위한 노력이 필요하다. 지금까지 통일문제는 우리 민주주의의 발전에 부정적인 요소로 작용한 적이 많았다. 분단문제는 1980년대 말까지 국제질서 상의 냉전체제와 맞물려 한반도의 이념적 경직화를 심화시켰다. 1990년대 탈냉전시기 이후 국제사회의 이념적 갈등은 사라지고 있다. 하지만 남북 간의 갈등과 대립은 오히려 더 심화되고 있다.

우리가 어떠한 정책을 취할 때 고려해야 할 중요한 변수 중 하나가 북한이다. 우리의 민주화과정에서 여러 가지 우여곡절을 겪을 수밖에 없었던 중요한 원인도 북한의 존재였다. 2000년과 2007년의 남북정상회담으로 남북관계에 새로운 장이 열리는 것 같았다. 하지만 2000년대 말부터 남북 간 불신감과 적대감은 더욱 심화되고 있다. 우리의 민주주의 발전을 위해서도 남북 간 화해와 협력을 확대해 나갈 필요가 있다.

우리 사회의 민주주의 수준이 높다고 자랑할 형편은 못된다. 하지만 너무 낮다고 지나치게 비관할 필요도 없다. 다른 중진국 수준의 국가들과 비교해 볼 때 우리만큼 높은 민주화 수준을 가지고 있는 나라를 찾기 어렵다.

1950~60년대에 우리보다 한참 앞섰던 필리핀, 아르헨티나, 그리고 멕시코 등 지하자원이 풍부하고 경제적으로 상당한 수준에 있었던 국가들이 현재는 우리보다 훨씬 낮은 민주주의 행태를 보여주고 있다. 지금까지의 경험과 저력을 바탕으로 국민과 정치권이 함께 노력한다면 우리의 민주주의는 긍정적 방향으로 나아갈 것으로 전망할 수 있다.

9. 다문화주의와 한국의 이민정책

민주주의사회는 국민이 주인인 사회이다. 국민이 나라를 이끌어갈 정치지도자를 선택하는 사회이다. 또한 민주주의사회는 구성원 모두가 자유롭고 평등한 생활을 할 수 있는 사회이다.

지구상에서 최근 일어나고 있는 중요한 특징 가운데 하나가 세계화의 흐름과 함께 등장한 다문화현상이다. 다문화현상은 한 국가에 다른 인종이나 민족이 유입됨으로써 발생한다. 나라마다 역사, 문화, 그리고 상황 등이 다르겠지만 한 국가에 유입된 소수민족이나 인종을 주류사회가 어떤 시각으로 대하는가가 민주주의의 수준을 평가하는 하나의 기준이 될 수 있다.

우리나라의 경우, 1988년 서울올림픽 이후 외국인의 이주가 늘어나기 시작했다. 국내에 체류하는 외국인의 수가 증가하자 우리 국민은 이들을 어떻게 대해야 하며 어떠한 방식으로 함께 살아야 하는가를 고민하게 되었다.

이러한 고민에 대해 먼저 우리사회 내 여러 시민단체가 중심이 되어 해결책을 구하고자 했다. 이어 여성계, 노동계, 지방자치단체 등이 다문화현상에 대해 관심을 가졌다.[48] 2006년에 와서 범정부차원의 다문화관련 정책이 추진되었다. 2006년에 '결혼이민자 종합대책'과 '다문화가정 자녀교육지원정책'이 마련되었으며 2008년에 '다문화가족지원법'이 제정되었다.

하지만 정책적 · 법적 측면만 가지고 주류인 우리국민과 이주민 간의 문제를 해결하기는 역부족이었다. 그래서 기본적으로 우리나라가 다문화사회화 되어간다는 것을 인식하고, 우리보다 다문화 역사가 길고 경험이 많은 국가로부터 다문화와 관련한 내용을 참고할 필요가 있었다. 그 가운데 하나가 다문화주의이다.

다문화주의라는 말은 학파, 분야 혹은 국가에 따라 다르게 사용되기 때문에 한마디로 정의하기 어렵다. 다문화주의는 한 국가의 주류사회가 이주민을 어떻게 대우하고 적응시켜야 하는가의 문제로부터 출발했다고 할 수 있다.

다문화주의는 단문화주의와 대비되는 개념이다. 다문화주의를 거칠게 정의해 본다면, 주류집단이 소수자의 문화적 권리를 존중하고 평등하게 대우하여 사회통합을 추구하고자 하는 흐름이다.

다문화주의는 주류와 소수문화의 상호존중과 문화적 차이에 대한 관용을 강조한다. 한 사회가 다문화주의를 확장하기 위해서는 다문화주의를 교육과정에 포함하여 학생들에게 다문화관련 내용을 가르치는 다문화교육이 필요하다.

다문화교육은 기존의 교육과정을 수정하여 소수문화를 가진 학생들이 공평한 교육기회를 갖도록 하고, 주류학생들이 소수문화 학생들을 존중하고 인정하여 공존할 수 있는 시각을 갖도록 하는 교육을 의미한다.

한 국가에서 다문화현상이 심화되면 주류문화와 소수문화 간에 여러 가지 문제와 갈등이 나타난다. 이러한 문제와 갈등을 해결하기 위해 개별 국가는 이주민의 적응과 통합을 위한 정책을 취하게 된다. 이들 정책을 이민정책(혹은 다문화정책)이라고 한다. 이민정책의 바탕에는 크게 동화주의모델과 다문화주의모델이 있다.

1) 이민정책 모델

먼저, 동화주의모델은 유입된 이주민이 주류사회의 문화와 규범 등에 적응해야 한다는 것이다. 동화는 주류문화에 소수문화를 통합시키는 것이다. 동화주의모델이 작동하고 있는 국가에서는 소수문화집단이 가지고 있었던 전통, 가치, 생활방식, 언어 등을 버리고 주류집단에의 적응을 강조한다. 소수집단이 가지고 있는 것을 없애고 주류집단이 유지하고 있는 것에 동화되어야 함을 의미한다.

다음으로, 다문화주의모델이다. 이것은 한 국가에서 소수문화의 전통을 인정하고, 주류와 이주민과의 정치적 경제적 사회적 문화적 평등을 지향하는 모델이다. 이 모델에서는 주류집단이 소수집단의 동화를 강요하지 않는다. 주류집단은 소수집단의 고유한 문화적 정체성을 인정하면서 사회통합을 추진한다.

개별 국가는 자신이 가지고 있는 역사, 배경, 상황 등에 따라 두 모델 가운데 하나를 채택해 이주민을 관리하고 있다. 동화주의모델을 채택하고 있던 대표적 국가로 미국을 들 수 있다. 미국의 입장에서 볼 때 어떤 이유로든 미국을 선택한 이주민은 자발적으로 입국했다고 간주했다. 그래서 이주민은 미국사회의 가치와 전통을 이해하고 따르는 것을 당연하게 여겼다.

물론 이주민이 공적 영역에서 미국사회의 가치과 법 그리고 정책을 받아들인다면, 사적 영역에서 이주민의 고유한 문화적 전통, 가치를 유지하는 데는 반대하지 않았다.

이러한 것을 문화적 용광로라는 개념으로 설명하고 있다. 다양한 이주민의 문화가 강력한 미국의 문화 속에 녹아들어가 보다 새롭고 발전적인 문화를 창조해 낸다는 것이다.[49] 시간이 지남에 따라 이민자의 문화는 미국문화에 흡수되어 미국문화화된다는 것이다.

미국에서 용광로이론을 통해 이민자를 통합시키려고 했기 때문에 여러 가지 문제가 발생했다. 미국사회에 적응하지 못한 이주민의 범죄율 증가나 사회적 불안 확대 등으로 사회적 비용이 증가되었다. 또한 소수문화를 미국주류문화에 강제로 통합하는 정책은 민주주의의 이상이나 원리와 어긋난다는 비판을 받았다. 그래서 얼마 전부터 미국은 동화모델을 기반으로 한 이민정책을 다문화주의모델을 바탕으로 하는 이민정책으로 바꾸고 있다.

다문화주의모델을 국가정책으로 도입한 대표적 국가로 캐나다와 호주를 들 수 있다. 캐나다는 1971년 세계에서 처음 다문화주의를 국가정책으로 채택했다. 다문화주의정책은 주류문화와 동등하게 이주민의 문화적 정체성을 인정하면서 사회통합을 이루어나가고자 하는 것이다. 소수문화를 주류에 동화시키기보다 소수문화의 정체성을 인정하면서 주류사회에 적응하도록 하는 정책을 시행하고 있다.

캐나다가 다문화주의정책을 도입한 것은 이주민의 증가 때문이라기보다 내부의 상황 때문이었다. 캐나다 내에 살고 있던 영국계 이주민과 프랑스계 이주민 간의 갈등을 줄여 사회통합을 추진하지 않으면 안되는 국내적 상황이 다문화주의정책을 채택하게 한 주요 원인이었다. 캐나다는 소수문화를 인정하고 존중하면서 사회통합을 이끌어가는 모범적인 다문화국가로 알려져 있다.

호주는 캐나다와 더불어 다문화주의정책을 시행하고 있는 대표적인 국가로 알려져 있다. 18세기 말 호주로 진출한 영국인은 식민지를 건설하던 과정에 원주민을 강압적으로 지배했다. 19세기 중반 금광개발을 위해 호주는 중국을 비롯한 여러 국가출신의 노동자를 받아들였다. 노동자의 유입이 증가하게 되자 중국인 등 아시아계 이민을 제한하는 백호주의(유색인종반대운동)가 등장하게 되었다.

하지만 1,2차 세계대전의 여파로 호주인구가 줄어들고 경제위기가 도래했다. 이주민을 받아들여 인구를 늘려야 경제가 회복된다고 판단해 유럽이민자를 우선적으로 받아들였다. 이어 호주는 1960년대에 중동국가로부터, 1970년대에는 아시아국가로부터 이민을 받아들였다. 하지만 호주를 지배하던 영국인은 1970년대 초까지 백인위주의 동화정책을 추진했다.

이러한 동화정책은 아시아계 이주민의 차별로 이어졌고, 호주사회에 대한 이주민의 불만이 점점 확대되었다. 호주사회 내 주류와 소수집단 간의 갈등이 심화되자 이러한 갈등을 완화하기 위해 다문화주의정책을 도입하게 되었다.

호주는 이주민의 문화, 언어, 종교 등을 인정하고, 이주민에게 언어장벽을 없애기 위한 교육, 이주민 자녀를 위한 영어교육, 소수민족을 위한 문화행사 등 다양한 측면에서 지원하고 있다.

그런데 공식적으로 백호주의는 폐기되었지만, 호주의 다문화주의정책은 여전히 백인중심으로 시행되고 있다. 또한 이 정책이 인종이나 민족 간의 갈등을 해결하기보다 사회갈등을 봉합하는 수준에 머물러 있다고 비판받고 있다.

그런데 최근 다문화주의정책이 호주의 문화, 정체성 등을 훼손하고 있고 또 소수문화공동체들이 책임보다는 권리를 더 내세워 사회의 통합을 저해하고 있다는 주장이 호주 주류에서 점점 커지고 있다. 이는 다문화주의가 이주민과 소수문화집단에게는 유익한 것이었으나 호주사회 전체를 위해서는 별로 도움이 되지 않았다고 생각하는 주류집단의 시각을 반영하는 것이다.[50)]

우리사회에 이주민이 늘어나게 된 것은 1980년대 말에 시작된 외국인 노동자와 1990년대 국제결혼이주민의 증가 때문이다. 정부는 외국인 노동자가 이주민의 핵심 관심사였을 때는 노동력 관리 수준에서 이민정책을 추진했다.

그런데 국제결혼이주민이 주된 관심사로 등장하자 정부차원의 정책이 외국인 노동자로부터 국제결혼이주민을 중심으로 변화되었다. 이러한 정책변화에 따라 2006년에 국제결혼이주민 종합지원대책이 발표되었다.

이와 같은 정부의 통합정책은 주류 한국인과 이주민이 각각의 문화와 가치를 존중하면서 더불어 살아갈 수 있게 하는데 초점이 맞추어져 있다. 이처럼 정부의 다문화관련 정책은 확대되고 있다. 하지만 주류 한국인과 소수집단 사이에 실질적으로 상호문화와 가치를 이해하고 인정하는 풍토가 어느 정도 조성되고 있는지 걱정스럽다.

우리나라는 형식적으로는 다문화주의모델에 비중을 두고 이민정책을 시행하고 있다. 하지만 실제적으로는 동화주의모델을 기초로 한 이민정책이 실시되고 있다고 여겨진다.

2) 우리나라 이민정책의 전개과정[51)]

우리나라는 유럽이나 미국 등 이민의 역사가 긴 국가들과는 달리 이민과 관련한 역사가 길지 않다. 물론 1900년대 초였던 조선 말 가난과 궁핍을 벗어나기 위해 미국 하와이로 이주해 간 한국인들이 있었다. 또한 이 시기 멕시코 유카탄반도로 돈을 벌기 위해 이주한 한국인 노동자들도 있었다.

하지만 당시 이주해 간 한인들의 수가 적었고 또 지속적으로 이루어진 것이 아니었기 때문에 이 시기의 이주를 이민정책의 범주에 넣기는 어렵다고 여겨진다. 그래서 여기에서는 해방 이후부터 지금까지 우리나라에서 시행되어 온 이민정책의 형성과 전개과정을 검토해 보도록 한다.

우리나라 이민정책의 형성과 전개과정을 크게 세 단계로 나눌 수 있다. 정부수립부터 서울올림픽까지를 1단계 이민정책 시기, 올림픽 이후부터 2000년대 초까지를 2단계 이민정책 시기, 그리고 2000년대 초부터 현재까지를 3단계 이민정책 시기로 구분[52)]해 살펴보기로 한다.

가) 1단계 이민정책 시기(정부수립 ~ 서울올림픽)

3년간의 미군정이 끝난 1948년, 대한민국 정부가 수립되었다.

정부는 모든 면에서 빈궁했으나, 우리나라를 가난으로부터 벗어나게 하기 위해 다각적인 노력을 기울였다. 하지만 정부수립 후 2년도 되지 않아 한국전쟁이라는 동족 간 내전이 터졌다. 경제를 부흥시키기 위해 필요한 산업시설이 기반도 잡히기 전에 초토화되어 버려 가난이 온 국가를 뒤덮었다. 당시 정부의 가장 중요한 정책목표가 경제의 불씨를 살리는 것이었다. 하지만 경제성장의 시동은 1960년대가 되어서야 겨우 걸렸다.

돌이켜보면 당시에는 이민정책이라고 할 만한 것이 없었다. 그래도 정부는 우리의 경제를 성장시키기 위해 뭔가를 할 수밖에 없었다. 그것은 우리 국민을 해외로 내 보내 외화를 벌어오게 하는 일이었다.

1960년대 초 우리나라는 경제성장에 필요한 외화를 벌어들이기 위해 해외노동 중심의 출국이민정책을 추진했다. 이 시기의 이민정책은 1962년에 제정된 해외이주법에 따라 시행되었다. 당시 이민정책의 목적은 두 가지였다. 하나는, 정부주도로 노동자를 해외에 진출시켜 경제개발을 위한 외화를 얻는데 있었다. 다른 하나는, 우리나라 노동자의 해외취업을 유도함으로써 국내의 실업자를 줄이는데 있었다.

이를 위해 1963년부터 서독과 특별고용계약을 맺어 광부를 파견했고, 서독정부의 요청에 따라 우리나라의 여성간호사를 보냈다. 이어 1965년 우리 군인의 월남파병과 함께 노동자를 보냈고, 1970년대에는 중동의 산유국에 우리나라 노동자를 취업시켰다. 또한 1960년대부터 1980년대 중반까지 외국선박에 다수의 우리 노동자가 취업했다.

당시 우리나라 이민정책은 정부가 해외취업자 모집부터 송출 그리고 이주 이후의 관리까지 모두를 책임지는 방식으로 실시되었다. 이 업무를 위해 한국해외개발공사가 설립되었고, 이 기관은 1980년대 중반까지 이 역할을 적극적으로 수행했다.

그런데 1980년대 중반부터 우리 노동자의 해외이주가 점차 감소했다. 1988년 서울올림픽 때는 우리의 경제가 상당한 성장을 이룩했고, 이와 함께 국가위상이 높아짐에 따라 해외로 이주하는 우리 노동자의 수가 급격히 줄어들었다. 그 대신 우리나라로 일자리를 찾아 입국하려는 동남아국가 출신 노동자들이 점점 늘어났다. 이제 우리나라는 송출이민국에서 유입이민국으로 전환되어 외국이민자를 관리하고 지원하는 이민정책을 펼쳐야 했다.

나) 2단계 이민정책 시기(1988년 ~ 2003년)

이민정책의 두 번째 시기는 경제성장에 따른 국가위상이 높아짐에 따라 동남아시아의 노동자가 우리나라로 유입되기 시작한 1988년부터 2003년까지에 해당된다. 이 시기의 주된 이민정책은 입국이민정책이었다. 위에서 지적했듯이, 1988년의 서울올림픽 개최 후 우리나라의 경제적 위상이 높아졌고 국가의 신뢰도도 향상되어 외국인 노동자의 입국이 꾸준히 늘어났다.

외국인 노동자의 유입은 국내의 정치사회적 변화와 맞물려 증가하였다. 1980년대 말 민주화운동과 함께 대기업과 중소기업 간의 임금격차가 크게 확대[53]되었다. 당시 대학입학 신입생증원, 졸업정원제 시행 등과 함께 대졸자 과잉현상이 나타났다. 이 현상의 여파로 중소기업은 3D업종을 중심으로 심각한 인력난을 겪게 되었다.

외국인 노동자 유입문제를 둘러싼 논쟁이 확대되자 정부는 나름의 방안을 찾으려고 했다. 하지만 정부가 적절한 대응책을 세우기 전에 중국교포와 동남아 노동자의 유입이 크게 늘어났고 불법취업자도 빠르게 증가했다. 이와 같은 문제가 발생하자 정부는 1993년 말 산업연수생제도를 도입해 이 제도를 통해 외국인 노동자를 받아들이도록 했다.[54] 이와 함께 1992년의 한중수교로 인해 재중동포가 일자리를 찾아 우리나라로 대거 이주하기 시작했고, 이 시기에 동남아 노동자들도 많이 유입되었다.[55]

그런데 산업연수생제도에는 여러 가지 문제점이 있었다. 이들 외국인 노동자에 대한 보험적용문제가 있었으며, 임금수준이나 노동조건도 열악했다. 그래서 이 연수생제도가 노동계와 시민단체 등으로부터 거센 비판을 받았다. 이에 따라 산업연수생제도를 폐지하고 2004년 고용허가제가 도입되었다.

또 하나의 현상은 국제결혼이주민이었다. 1990년대 말부터 동남아출신 여성과 우리나라 남성과의 결혼이 크게 증가하였다. 이에 따라 국제결혼이주자가 크게 늘어나 이들을 위한 사회통합정책의 필요성이 나타나게 되었다.

한편, 이 시기에 중국이나 구소련에 거주하고 있던 재외동포는 미국이나 유럽거주 동포와는 다른 대우를 받고 있었다. 무엇보다 중국, 구소련 동포는 미국이나 유럽 거주 동포와는 달리, 우리나라를 자유롭게 입출국할 수 없었다. 그래서 우리 정부는 2007년 외국국적의 한국인 동포 방문취업제를 도입해 중국 및 구소련 동포의 출입과 취업을 장려하는 정책을 추진했다.

일부 이주노동자의 정주화현상이 나타났고 또 국제결혼이주자가 증가함에 따라 우리 이민정책의 변화가 필요했다. 이러한 외국인의 증가로 인해 우리사회는 이전에 경험하지 못했던 새로운 고민을 떠안게 되었다.

다) 3단계 이민정책 시기(2004년 ~ 현재)

2000년대 초중반부터 우리사회에 저출산 · 고령화문제가 등장했다. 2004년에 고용허가제가 시행되어 외국인 노동자를 관리하는 제도적 변화가 있었다. 이러한 상황이 전개되자 정부는 유입되는 이주민을 적극적으로 관리해야 했다.

국제결혼이주민은 우리사회에 정주할 목적으로 들어온 사람이기 때문에 정부는 이들을 포용하고 통합해야 할 필요성이 있었다. 국제결혼은 우리사회의 저출산문제를 일부 해결할 수 있다는 기대와 맞물려 이들을 긍정적으로 받아들였다. 이에 따라 정부는 사회통합을 위한 이민정책을 모색하게 되었다.

2005년 정부는 '빈부격차 차별시정위원회'를 만들어 이민자의 사회통합정책을 준비했고, 2007년 '재한외국인처우기본법'을 제정하여 외국인의 처우와 지원을 강화했다. 특히 재한외국인처우기본법이 시행됨에 따라 여러 정부부처에서 담당하던 외국인관련정책을 종합적으로 다루기 위한 체계가 갖추어졌다.[56)]

2006년 이후 우리나라의 이민정책이 사회통합정책 추진방향으로 전환된 배경은 다음과 같다. 첫째, 국내체류 외국인의 규모가 크게 증가한 점 둘째, 우리사회의 저출산 고령화현상과 함께 이민현상이 장기화되리라는 점 셋째, 체류외국인의 다양화에 따라 외국인 집단별로 다양한 문제가 발생하고 있는 점 넷째, 미국, 프랑스 등 외국의 이민자 소요사태를 통해 이들의 사회적응 및 통합의 중요성을 인식한 점 등이다.[57)]

이주의 확산현상과 함께 다수 민주국가의 이민정책은 동화와 통제위주에서 포용과 사회통합의 방향으로 전개되고 있다. 따라서 우리의 이민정책도 이러한 세계적 추세에 발맞추어 포용과 사회통합의 방향으로 갈 필요가 있다. 하지만 다른 국가가 한 방향으로 간다고 해서 이러한 추세를 그냥 따라가서는 곤란하다. 국가마다 상황과 여건이 다르기 때문이다.

이주시대를 맞아 이민의 역사가 짧고 이민과 관련한 경험이 적은 우리나라가 어떠한 이민정책을 입안해 추진하는가가 매우 중요하다. 선발이민국의 사례를 참고해 우리나라의 발전에 장기적으로 도움이 되는 이민정책을 입안 추진할 필요가 있다. 합리적이고 체계적인 이민정책의 수립과 추진은 우리 민주주의의 발전에 긍정적 영향을 미칠 것이다.

10. 다문화사회로의 진전과 북한이탈주민

2006년 11월 모 방송국을 통해 방송된 '미녀들의 수다' 프로그램이 2010년 종영될 때까지 그 나름의 성공을 거두었던 것 같다. 이 프로그램이 성공을 거둔 바탕에는 제작진과 출연진의 열정적인 노력이 있었다. 하지만 못지않게 중요한 것은 방영시점이 우리나라가 다문화사회로 진입하던 시기였기 때문이다.

2016년 12월 현재 우리나라에 살고 있는 외국인의 수가 2,049,441명[58]으로 우리나라 인구의 4%에 근접하고 있다.

우리 사회는 두 부류의 마이너리티가 존재하고 있다. 한 부류는 일반적 마이너리티로서 빈민, 이주민, 여성, 장애자, 동성애자 등의 사회적 약자이다. 다른 한 부류는 이산가족, 월북자 가족, 북한이탈주민 등을 포함하는 분단 마이너리티라고 한다.[59] 우리나라에서 이들 대부분은 정도의 차이는 있지만 주류 한국사람, 비장애인 등에 비해 힘든 생활을 하고 있다.

여기에서는 분단 마이너리티 가운데 북한이탈주민에 초점을 맞추어 논의를 전개하고자 한다.

우리나라 정부는 2006년에 처음 결혼이민자 종합지원대책을 발표했다. 이것은 2006년 전에는 외국인을 위한 범정부적 대응책이 없었다는 것을 의미한다. 물론 산업연수생제나 고용허가제와 같은 이주노동자와 관련한 법과 제도가 없었던 것은 아니다. 북한이탈주민을 위한 법도 제정되었다. 그렇지만 우리사회에 유입된 외국인을 포함한 다문화인을 위한 본격적인 대책은 2006년에 와서야 시작되었다.

해방 이후부터 우리나라에 외국인의 유입이 있었고 점점 이들의 수가 늘어났다. 2000년에 와서 다문화사회로 진입하고 있는 우리사회를 이해하기 위해 우리의 다문화사회로의 진전과정을 검토해 보는 것이 도움이 된다.

우리나라가 다문화사회로 나아가는 과정을 주한미군, 외국인노동자, 국제결혼이주민, 북한이탈주민 등 네 집단을 통해 살펴보기로 한다.

1) 다문화사회로의 진전과정

첫째, 주한미군을 들 수 있다. 2차 세계대전의 종결로 한반도는 독립을 얻었다. 하지만 38선을 기준으로 한반도의 남쪽에는 미국이, 북쪽에는 소련이 지배하게 되었다. 해방 후 남한은 미군정의 지배를 받았고, 또 한국전쟁으로 주한미군이 남한에 주둔하게 되었다. 남한 내 다수의 미군부대가 있었는데, 미군부대가 있는 지역에는 남한여성이 많이 모여 생활하는 기지촌이 형성되었다.

한국전쟁으로 인한 극심한 가난과 사회적 혼란은 공산주의로부터 남한을 구해준 미국에 대한 믿음과 동경으로 나타났다. 또한 이는 남한국민의 미군에 대한 우호적 시각으로 표현되었다. 남한사람은 미군을 통해 가난으로부터 탈출하려 했고 아메리칸 드림을 실현하려고 했다. 일부 남한여성과 미군과의 동거나 결혼으로 이어져 이들로부터 자녀가 출생하였다.

그런데 순혈주의 단일민족 의식을 강하게 가지고 있었던 대다수 남한국민은 당시의 이러한 동거나 국제결혼을 부정적으로 여겼다. 1970년대까지 미군과의 동거나 결혼을 탐탁하지 않게 생각했고, 이러한 현상이 남한사회를 혼란스럽게 만든다고 보았다.

그래서 한국인과 미국인 사이에서 태어난 자녀는 피부색이나 머리카락 색깔 등 외모가 기존 한국인과 구별되었기 때문에 보통의 남한국민으로부터 말할 수 없는 멸시와 차별을 당했다.

이러한 냉대는 1987년 민주항쟁과 1988년 서울올림픽을 거치면서 많이 줄어들었다. 해방이후 남한여성과 주한미군과의 동거나 국제결혼은 남한사회가 다문화사회로 이행하는 과정에서 나타난 첫 사례로 알려지고 있다.

둘째, 남한으로 유입된 외국인 노동자를 들 수 있다. 1970년대에 남한은 급속한 근대화와 산업화를 통해 급속한 경제성장을 가져왔다. 이를 통해 사회전반에 일자리가 많이 늘어났다. 1980년대 중반에 와서 경제적 위상이 높아졌다. 1988년 서울올림픽을 전후해 남한에는 일부 업종에 노동력부족 현상이 나타나기 시작했다.

그런데 실질적으로는 노동력의 수요 · 공급 불균형으로 인해 일부 일자리에 노동력이 부족했던 것이다. 1981년 시작된 졸업정원제 여파로 늘어난 대졸출신 청년들은 소위 말하는 3D업종 취업을 기피했기 때문에 빚어진 현상이었다.

제조업과 건설업분야에 인력난이 발생하자 1987년 6,000여 명의 외국인 노동자가 남한에 들어왔다. 이들은 남한사람이 기피하던 업종에 취업했으며 매년 그 수가 늘어났다. 이들을 통해 제조업과 건설업 등에 존재하던 인력난을 상당히 해소할 수 있었다. 당시에는 우리 정부의 외국인 노동자 관련정책이 마련되지 않은 상황이었지만 이들의 수가 많지 않았기 때문에 큰 문제는 발생하지 않았다.

하지만 1990년대에 들어와 많은 수의 외국인 노동자가 유입되자 정부는 이들을 관리할 제도적 장치를 마련해야 했다. 정부는 1991년 동남아출신 노동자에게 우리의 기술을 배우게 하고 또 이들 출신국가와의 경제협력을 증진시킨다는 명목으로 산업연수생제를 도입했다.

이후 정부는 2004년 고용허가제를 채택하여 2007년까지 산업연수생제와 병행 유지했다. 2007년 이후 산업연수생제를 폐지하고 고용허가제를 시행하고 있다.

지금의 우리경제 상황을 고려해 볼 때 외국인 노동자의 수는 점점 증가할 것으로 예상된다. 이들의 존재는 우리사회의 다문화사회로의 진전에 큰 영향을 미치고 있다.

셋째, 국제결혼이주민이다. 이들은 결혼을 매개로 해 우리 사회에 입국해 살고 있는 사람이다. 이들의 대부분은 남한의 남성과 결혼해 살고 있는 외국인 여성이다. 결혼이주민의 유입이 시작된 것은 1980년대 특정 종교단체를 통해서였다.

1990년대에 와서 남한의 농촌거주 남성의 결혼이 힘들어지자 이들이 중국과 동남아출신의 여성과 결혼하는 사례가 빠르게 늘어났다. 정부와 지방자치단체가 이러한 국제결혼을 장려했다. 소위 말하는 '농촌총각 장가보내기'사업을 펼쳐 경제적 · 지역적 문제 때문에 결혼하기 어려운 남성의 결혼을 정책적으로 지원했다.

특히 1992년 한중수교를 통해 조선족 여성의 한국남성과의 결혼이 크게 늘어났다. 2000년대에 들어와 조선족 여성과의 결혼은 줄어들었고, 베트남, 캄보디아, 필리핀 등 동남아지역 여성과의 결혼이 증가했다. 국제결혼여성의 3/4정도는 2000년 이후에 입국한 사람들이다. 남한의 경제적 · 사회적 여건을 고려해 볼 때 당분간 이러한 국제결혼은 계속될 것으로 여겨진다.

넷째, 북한이탈주민을 들 수 있다. 북한이탈주민은 같은 민족적 뿌리와 인종적 특성을 가지고 있다. 또 같은 언어를 사용하기 때문에 다문화인 범주에서 제외시킬 수 있다.

하지만 해방 이후 지금까지 남북한 주민이 다른 정치적 · 경제적 · 사회적 · 문화적 환경에서 생활해 왔기 때문에 북한이탈주민은 남한사회를 이질적 사회로 생각할 수 있다. 그래서 일반적으로 북한이탈주민을 다문화인의 범주에 포함시키고 있다.

우리사회에는 정부수립부터 지금까지 북한을 탈출해 입국한 사람들이 있다. 하지만 1990년대 초반까지만 해도 이들의 수는 미미했기 때문에 정부는 이들에게 특별한 관심을 가지지 않았다. 1990년대에 와서 남한에 들어온 북한이탈주민의 수가 늘어났는데, 특히 1990년대 중반 북한의 '고난의 행군' 시기 이후 이들의 입국이 빠르게 증가했다. 남한정부는 이들의 존재에 대해 관심을 갖지 않을 수 없었다.

다문화사회의 진전과 맞물려 북한이탈주민의 안정적인 남한사회 정착을 돕기 위해 북한이탈주민과 관련된 법을 제정하고 여러 정책을 시행해 오고 있다. 2016년 말 현재 약 30,000명의 북한이탈주민이 남한에 거주하고 있다. 앞에서 언급한 세 집단과 함께 이들은 우리사회를 다문화사회로 나아가게 하는데 하나의 역할을 담당하고 있다.

위에서 남한의 다문화사회 진전과정을 네 집단을 중심으로 살펴보았다. 주한미군을 제외한 나머지 세 집단은 우리 사회의 마이너리티에 속한다. 그렇기 때문에 이들은 우리 사회에 적응해 생활하는데 여러 가지 어려움을 가지고 있다.

여기에서는 다른 집단에 대한 검토는 다음으로 미루고, 북한이탈주민의 적응문제에 대해 알아본 후, 북한이탈주민을 위한 정부의 정착지원 정책에 대해 살펴보기로 한다.

2) 북한이탈주민의 적응문제

남한과 북한이 같은 언어를 사용하고 있으므로 북한이탈주민은 언어문제로 인해 큰 어려움을 당하지 않을 것이라고 생각하지만 현실상황은 다르다. 북한이탈주민은 억양과 어투, 외래어, 사투리 등에 있어 소통에 어려움을 호소하는 경우가 많다.

북한이탈주민과 남한사람 사이에 말이 통한다는 것은 다행스러운 일이다. 하지만 북한이탈주민의 억양이나 어투로 말미암아 이들은 남한사람과 끈끈한 인간관계를 형성하기 어렵고 또 원하는 직장을 구하기 힘들다고 한다.

또한 이들은 자본주의와는 전혀 다른 사회주의라는 이데올로기하에서 생활해 왔다. 그래서 남한에 입국한 후 경쟁과 효율을 중시하는 자본주의사회에 적응하기가 어렵다고 한다. 남한사회에서 북한이탈주민은 제대로 된 직장을 구하기 어렵기 때문에 대부분 불안정한 고용상태에 있다. 그래서 탈북 때의 기대와는 달리 남한사회에 실망하기도 하고 분노를 드러내기도 한다.

북한이탈주민의 자녀교육문제도 놓쳐서는 안 될 부분이다. 이들 자녀가 북한을 탈출한 후 학교를 다니지 못한 공백기간이나 남북한 학제 차이 때문에 이들의 일반학교 중도탈락률이 높은 편이다.

다행히 2016년 교육부에서 발간한 자료[60]에 따르면, 전체 초중고에 재학 중인 탈북학생의 중도탈락률이 2008년도에 10.8%, 2011년도 4.7%, 2013년도 3.5%, 2015년도 2.2%로 점차 낮아지고 있다. 하지만 이들을 위한 지속적인 관심과 지원은 여전히 필요하다.

점차적으로 북한이탈주민의 수가 증가함에 따라 남한국민은 이들을 비교적 쉽게 접할 수 있게 되었다. 하지만 이들을 통일의 견인차 역할을 할 수 있는 집단으로 대하기보다 남한에 부담을 주는 집단으로 여기기도 한다. 북한이탈주민은 한편으로, 남한이 북한

보다 경제적으로 풍요롭다는 것을 인정하지만 다른 한편으로, 물질만능주의가 팽배한 비인간적 사회로 인식하는 경향이 있다.[61]

북한이탈주민에 대한 관심과 지원이 지속적으로 필요한 이유는 이들이 남한사회에서 최소한의 인간다운 생활을 할 수 있는 바탕을 마련해 주어야 하기 때문이다. 또한 현실적으로 남한이 앞으로도 북한이탈주민을 받아줄 수밖에 없기 때문이다.

이들이 남한 사회에 적응해 자립할 수 있도록 바탕을 마련해 줄 필요가 있다. 이들은 통일을 위해 중요한 연결고리 역할을 할 사람들이다. 또한 미래 통일이 이루어졌을 때 남북한 주민 간의 화합을 이루는데 큰 작용을 할 일꾼들이기 때문이다.

3) 북한이탈주민을 위한 정착지원 정책

정부는 북한이탈주민이 남한으로의 입국을 원할 경우 인도주의와 동포애 차원에서 전원 입국시킨다는 원칙을 가지고 있다. 또한 국내법과 UN난민협약 등 국제법에 근거하여 북한이탈주민을 받아들이고 있다.

북한이탈주민의 정착지원 정책은 입국지원단계, 시설보호단계, 거주지보호단계로 구분하여 이루어지고 있다.

먼저, 입국지원단계는 재외공관 및 관련기관에 보호를 신청하는 단계이다. 이 과정에서 정부기관의 조사가 끝나면, 이 기관이 통일부에 이들의 보호요청을 하게 된다.

다음으로, 시설보호단계에서는 통일부가 주관이 되어 북한이탈주민에 대한 보호여부를 결정하게 된다. 이들은 통일부 산하의 하나원에 입소하여 민주시민으로서 필요한 각종 사회적응교육을 받게 된다.

마지막으로, 거주지보호단계에서 북한이탈주민은 정착지원금, 취업지원, 교육지원, 의료지원 등 자립에 필요한 다양한 지원을 받게 되며, 통일부, 노동부, 지방자치단체, 경찰청 등의 지원을 받게 된다.[62]

위에서 언급했듯이, 북한이탈주민이 남한에 들어오면 통일부에서 운영하는 사회적응교육 시설인 하나원에서 교육을 받는다. 하나원은 북한이탈주민의 심리안정과 사회적응 및 정착을 돕기 위한 사회적응교육 기관이다. 여기에서 이들은 12주의 교육을 받게 된다.

하나원의 가장 중요한 임무는 북한이탈주민이 남한사회에서 가능한 한 잘 적응할 수 있도록 교육하는 것이다. 이들의 심리안정, 자립능력 향상, 적응어려움 해소 등을 위해 하나원 내에 법률, 직업, 고충분야 상담실 등을 운영하고 있다. 하나원 교육을 받은 후 이들 북한이탈주민은 남한 내 각 지역으로 분산되어 정착하게 된다.

하나원은 2008년부터 북한이탈주민의 자립과 자활을 지원하기 위해 맞춤형 교육체계를 도입하여 기업에서 원하는 수요에 부합되도록 직업훈련을 실시하고 있다. 하나원 교육을 마친 북한이탈주민은 정착여건과 생계유지 능력 등을 고려해 정착금을 지원받는다. 정착금은 이들이 정착하는 지역에서 적응할 수 있도록 지원하는 기초적인 생활지원금이다.

이들의 취업을 위해 북한이탈주민 취업보호담당관을 지정하여 전문적인 진로지도를 하고 있다. 또한 직업훈련기관을 소개해 주고 취업 사업장을 연결시켜 주기도 하면서 이들에게 여러 가지 취업지원을 해 주고 있다. 취업보호대상 북한이탈주민은 노동부 고용지원센터에 취업보호를 신청한 사람들인데, 이들의 취업을 위해 북한이탈주민을 고용한 사업주에게 임금의 1/2을 지원하고 있다.[63]

북한이탈주민에게도 학교교육은 중요하다. 이들은 35세 이전에 대학진학을 원할 때 국립대학의 경우에 무료이며, 사립대학의 경우에는 등록금의 50%가 지원된다.[64] 이들 외에도 사회복지, 정착도우미, 취업보호 등 여러 가지 지원책이 마련되어 있다.

그런데 북한이탈주민 수의 증가와 사회여건의 변화로 인해 지원금이 별로 늘어나고 있지 않다. 빈부 차의 심화, 물가상승, 좋은 일자리 부족 등 사회적 여건은 나빠지고 있지만, 이들에 대한 지원은 현상유지 정도에 머물러 있다.

무엇보다 중요한 것은 우리국민의 의식이라고 생각한다. 누구나 자유롭고 공평한 삶을 보장하는 사회가 민주주의사회이다. 북한이탈주민이 냉대받지 않고 편안하고 안전한 생활을 할 수 있도록 함께 노력할 필요가 있다.

미주

1) 렉스 저, 김영희 역, 『민주주의 이야기』, 행성비, 2016, p.33.

2) 위의 책, pp.40-41.

3) 위의 책, p.47.

4) 강석찬, 『민주주의의 이상과 현실』, 건국대 출판부, 2005, pp.26-29.

5) 위의 책, pp.107-158 참조.

6) 남아프리카공화국의 극단적인 백인중심 인종분리정책을 말한다. 이 정책은 17세기 중엽 백인이주와 함께 시행되었는데, 1948년 네덜란드계 백인인 아프리카너를 기반으로 하는 국민당의 단독정부수립 후 한층 더 강화됐다. 아파르트헤이드는 흑인의 참정권을 부정하고, 경제적 · 사회적으로 백인의 특권을 유지 · 강화하자는 데 그 목적을 두고 있다.

7) 2013년 9월 영화감독 김조광수 씨와 레인보우 팩토리 대표 김승환 씨가 청계천에서 결혼식을 올렸다. 두 사람은 해당구청에 혼인신고를 했으나 신고서를 수리하지 않자 법원에 소송을 제기했다. 2016년 법원은 현행법상 동성 간의 혼인은 허용되기 어렵다는 요지로, 이들의 항고를 기각했다.

8) 강석찬, 앞의 책, pp.135-136.

9) 로크는 『시민정부론』에서 국가의 권력을 입법권과 집행권으로 구분했고, 몽테스키외는 『법의 정신』에서 절대군주의 횡포를 없애기 위해, 권력을 입법권, 행정권, 사법권으로 분리할 것을 주장했다.

10) 조용상 편저, 『정치학의 이해』, 법문사, 2013, p.204.

11) 위의 책, pp.146.

12) 이극찬, 『정치학』, 법문사, 2005, p.358.

13) 위의 책, pp.358-360.

14) 조용상, 앞의 책, pp.231-233.

15) 홍득표, 『정치과정론』, 학문사, 1999, pp.330-331.

16) 조용상, 앞의 책, pp.233-236.

17) 신명순, 『비교정치』, 박영사, 1999, p.238.

18) 조용상, 앞의 책, pp.236–237.

19) 1980년 제3차 정치자금법 개정과 함께 정당에 대한 국고보조금제도가 도입되었다.

20) 조용상, 앞의 책, pp.237–247.

21) 노르웨이(1913), 덴마크(1915), 영국(1918), 네덜란드(1919), 미국(1920), 그리고 터키(1926) 등에서 여성이 선거권을 가지게 되었다.

22) 안순철, 『선거체제비교』, 법문사, 1998, pp.41–42.

23) 소선거구, 대선거구 외에 중선거구가 있는데, 이는 한 선거구에서 2~4명의 의원을 선출하는 선거구를 말한다. 대체로 중선거구는 의원정수가 대선거구보다 적다는 것을 제외하고는 대선거구와 유사하다고 할 수 있다.

24) 이와 함께 후보자에게 1표, 정당에 대해 1표를 행사하는 1인 2표제가 도입되었다.

25) 조용상, 앞의 책, pp.119–121.

26) 아산정책연구원, "신뢰위기와 한국사회", 우정엽, 강충구의 글에서 인용, 2016. 8.30.

27) 서울신문, "한국 저신뢰사회", 2016. 10.16.

28) 이극찬, 앞의 책, pp.691–693.

29) 김재영, 『정치학개론』, 박영사, 1990, pp.367–368.

30) 조용상, 앞의 책, pp.337–338.

31) 위의 책, pp.337–338.

32) 위의 책, p.339.

33) 위의 책, pp.339–340.

34) 위의 책, p.341.

35) 위의 책, pp.340–341.

36) 2차 세계대전 때 히틀러에 의해 저질러진 홀로코스트 비극과 같은 잔인한 사건이 그 한 예이다.

37) 렉스 저, 김영희 역, 앞의 책, p.20.

38) 위의 책, pp.21–22.

39) 물론 박근혜 대통령 탄핵에 반대하기 위해 활동하는 태극기집회도 광장민주주의의 한 예라고 할 수 있다.

40) 김영명, 『고쳐 쓴 한국현대정치사』, 을유문화사, 1998, p.197.

41) 위의 책, p.207.

42) 최한수, 『한국정치의 이해』, 건국대 출판부, 1999, p.79.

43) 한국국민윤리학회 편, 『현대사회와 윤리』, 형설출판사, 2006, pp.251-256.

44) 김호진, 『한국정치체제론』, 박영사, 1992, p.266.

45) 이문조, 『Demos와 Kratos』, 한국정치발전연구원, 1998, p.193.

46) 위의 책, pp.257-261.

47) 기든스 저, 한상진, 박찬욱 역, 『제3의 길』, 책과함께, 2014 참조.

48) 최충옥 외, 『다문화교육의 이론과 실제』, 양서원, 2009, p.18.

49) 유네스코 아시아 태평양 국제이해교육원 엮음, 『다문화사회의 이해』, 동녘, 2008, pp.91-93.

50) 위의 책, pp.117-118.

51) 성장환, "우리나라 이민정책의 형성과 전개과정", 「초등교육연구논총」, 2016, 32권 1호, pp.7-10.

52) 김태환, 『다문화사회와 한국 이민정책의 이해』, 돌베개, 2015, pp.95-116 참조.

53) 당시 중소기업에서보다 대기업 노동조합의 고용주에 대한 요구가 강했으며 이 과정에서 고용주가 노조의 요구를 일정부분 받아들였다. 이에 따라 대기업 중심으로 임금인상과 노동자의 근로시간 단축 등이 이루어졌다.

54) 정기선 엮음, 『한국 이민정책의 이해』, 백산서당, 2011, pp.33-34.

55) 2004년부터 2007년까지 고용허가제와 기존의 산업연수생제가 병존하다가 2007년에 산업연수생제가 폐지되었다.

56) 김태환, 『다문화사회와 한국 이민정책의 이해』, 집사재, 2015, pp.103-106.

57) 정기선, 『한국 이민정책의 이해』, 백산서당, 2011, p.44.

58) 법무부, 출입국외국인정책 통계월보, 2016년 12월호.

59) 오경석 외, 『한국에서의 다문화주의: 현실과 쟁점』, 한울아카데미, 2007, p.137.

60) 교육부 학생복지정책과 보도자료, 2016. 2.19.

61) 김범수, 『알기쉬운 다문화교육』, 양서원, 2010, p.35.

62) 박은숙 외, 『북한이탈주민의 이해』, 나눔의 집, 2009, pp.164-165.

63) 위의 책, pp.268-269.

64) 거의 모든 사립대가 북한이탈주민에게 등록금의 50%를 지원하고 있기 때문에 등록금을 내지 않고 대학을 다닐 수 있다.

Part_ Ⅱ
통일

1. 통일이란 무엇인가
2. 분단, 원치 않았던 남북한 정권의 탄생
3. 한국전쟁의 원인과 영향
4. 한국전쟁 이후의 남북관계
5. 남한과 북한의 통일정책
6. 국제질서와 주변 강국의 한반도정책
7. 분단국의 통일사례: 독일, 베트남, 예멘
8. 통일교육의 변천과정과 개선방안
9. 개성공단의 손익계산서
10. 북한이해의 시각과 북한체제의 특징

1. 통일이란 무엇인가

1) 통일의 의미

개성공단 폐쇄로 남북 간의 대화가 완전히 끊어지자 우리 국민들의 통일에 대한 꿈이나 기대가 많이 낮아진 느낌이다. 그렇다고 통일의 꿈을 완전히 버릴 수는 없다. 한반도에 남한과 북한이 존재하는 한 통일을 위한 기대를 가져야 하고 또 노력해야 한다.

그런데 최근에 와서 통일이 어떤 것인가에 대해 다시 한번 고민할 필요성이 생겼다. 물론 지금도 통일은 한반도에 하나의 국가, 하나의 정부, 하나의 헌법, 하나의 체제 등을 가진 국가를 건설하는 것을 뜻한다. 이러한 하나를 만드는 통일이 머지않은 시기에 이루어질 가능성이 크다면 당연히 이것만을 통일이라고 해야 한다.

하지만 분단된 지 70년이 넘었다. 이 기간 동안 우리는 말로는 통일을 준비한다고 했다. 하지만 남북 간 마지막 남았던 대화의 끈조차 끊어져버린 지금, 우리가 준비해 놓은 것이 무엇인가를 생각해볼 때, 씁쓸한 느낌을 지울 수 없다.

통일을 남북이 하나되기 위한 것으로 간주한다면 사실상 통일은 너무 멀리 있다는 것을 느끼게 된다. 여론조사 결과는 시기와 상황에 따라 달라질 수 있지만 통일관련 여론조사를 하나 살펴보기로 한다.

최근의 한 통일의식 여론조사에 따르면 통일을 원한다는 응답자가 점점 적어지고 있음을 알게 된다. 대통령자문기구인 민주평화통일자문회의가 2016년 6월 조사한 결과에 따르면, 통일이 필요하다고 응답한 비율이 74%로 나타났다. 이 결과는 2015년 말, 통일이 필요하다고 응답한 비율 82%보다 8%가 준 것이다. 또한 통일이 필요없다는 응답은 2015년에 15%에서 2016년에는 22%로 늘었다.[1)]

통일을 원한다고 할 경우에도 하나되는 통일이 너무 멀리 있는 존재이기 때문에 와 닿지 않을 때가 많다. 그래서 '하나되는 통일'과 '둘로 있는 통일'[2)] 둘 다를 통일로 간주하면 어떨까 생각해서 필자 나름의 입장을 밝혀보고자 한다.

먼저 '하나되는 통일'에 대해 구체적으로 알아보기로 하자.

첫째, '하나되는 통일'은 정치적으로 남북한이 하나의 체제를 형성하여 한 국가가 되는 것을 의미한다. 정치적 통일은 한반도를 하나의 헌법, 하나의 정부, 하나의 체제로 통합하는 것이다.

1991년에 남북한은 유엔에 동시가입 했으며, 정치적으로 독립된 국가로 존재하고 있다. 이러한 점을 고려해 볼 때, 한 국가를 만드는 정치적 통일을 이루기 위해서는 남북한이 엄청난 노력을 기울여야 한다.

둘째, '하나되는 통일'은 경제적으로 남한의 자본주의경제와 북한의 사회주의경제가 하나로 통합됨을 뜻한다. 한반도의 분단으로 남한은 미국식 자본주의 시장경제를 받아들였고 북한은 소련식 사회주의 계획경제를 이식받았다. 하나되는 경제적 통일은 남한과 북한이 서로 조금씩 타협 · 양보해 한반도에 맞는 최선의 경제체제를 만들 필요가 있다.

1990년대 소련과 동구사회주의 경제체제가 무너진 후 세계는 자본주의 시장경제를 바탕으로 해서 움직이고 있다. 그렇기 때문에 남북한이 하나의 경제체제를 형성하기 위해 서로 타협 · 양보해야 하지만 남한보다 북한이 더 많이 양보해야 하고 변화해야 한다.

셋째, '하나되는 통일'은 사회문화적으로 남북한 주민이 동질성을 갖는 것을 의미한다. 남한과 북한은 오래 전부터 언어, 전통, 생활방식 등 사회문화적 요소를 공유하면서 생활해 왔다. 하지만 분단이후 지금까지 간헐적인 접촉은 있었지만 시간이 지날수록 남북한 간 이질화가 점점 심화되고 있다.

이러한 사회문화적 이질화는 정치적 · 군사적 영향을 받아 더 심화되고 있다. 통일의 완성은 사회문화적으로 통합될 때를 의미한다고도 볼 수 있다.

넷째, '하나되는 통일'은 지리적 통일을 의미한다. 남북한 주민이라면 한반도라는 땅을 아무런 장벽없이 어느 곳이든 자유롭게 여행할 수 있고 이주할 수 있음을 뜻한다. 남북한 주민은 오래 전부터 한반도라는 하나의 공간에서 함께 생활했다. 분단을 걷어내고 한반도를 하나의 공간으로 만들어야 하는데, 이를 위해서는 특히 정권적 차원의 슬기로운 노력이 필요하다.

위에서 '하나되는 통일'을 몇 가지 측면에서 살펴보았다. 이러한 통일은 남북한 간의 최종적 · 결과적 통일을 말한다. 그런데 국내외적 상황과 여건을 고려해 볼 때 '하나되는 통일', 즉 결과적 통일을 달성하는 데는 상당한 시간과 노력이 필요하다.

그래서 많은 사람들은 '하나되는 통일'을 기대하고 있으나 실제로 이루어질 가능성은 크지 않다는 생각을 하고 있는 것 같다. 그렇기 때문에 통일에 대해 관심을 점점 덜 가지게 되고 분단이라는 현실에 적응하는 측면이 많은 것 같다.

따라서 필자는 '하나되는 통일', 즉 결과적 통일을 달성하기에 앞서 '둘로 있는 통일', 즉 과정적 통일을 제안하고자 한다. '둘로 있는 통일'은 한반도에 두 국가, 두 정부, 두 체제를 유지하면서 남북한 간 믿음, 교류, 협력이 높은 정도에 이르러 일정한 수준의 경제적 · 사회문화적 통합이 이루어진 상태를 의미한다.

물론 이 '둘로 있는 통일'은 최종적인 통일이 아니다. 그럼에도 남북한 간에 일정 수준의 통합이 이루어질 때, 그 시점부터 통일이 되었다고 간주하자는 것이다. 예를 들어, 2국가 2체제 하에 남북한 간 국경이 그대로 있는 상황에서 남북한이 여행, 결혼, 투자, 이주 등 사실상의 경제적 · 사회문화적 통합을 이룬 상태에 도달할 때 이 상황을 통일이 되었다고 하자는 것이다.

얼마 전까지 이러한 상태를 통일의 과정으로 보았지 통일로 간주하지 않았다. 그런데 이제는 이것도 통일을 이루었다고 보자는 것이다. 과정적 통일도 통일이라고 생각하면 좋겠다.

'하나되는 통일'을 이루는 것은 바람직하다. 하지만 그 통일은 우리로부터 너무 멀리 존재하고 있기 때문에 결국 관념적 · 이론적 통일논의에 머문 적이 많았다.

그래서 '둘로 있는 통일'을 통일로 간주할 때 우리 사회에서 진정성있는 통일논의가 이루어지고 통일을 위한 실질적인 준비를 할 것으로 생각한다. 이 과정적 통일이 진전되어 남북한이 단일국가 건설에 합의하면 최종적 · 결과적 통일을 이루게 된다.

이제 1국가 1체제가 되어야 통일을 달성했다는 시각에서 벗어날 필요가 있다. 북한의 급변사태와 같은 예외적 상황을 제외한다면, 결과적 통일을 이루는 데는 상당한 시간이 걸릴 것이다. 우리의 바람과는 달리 현실적인 남북관계는 녹록하지 않다. 최종적 · 결과적 통일에 매달리다보면 오히려 통일에 대한 부정적 시각이 더 커질 수 있다. 과정적 통일에 대한 시각 형성은 우리의 통일논의와 통일준비에 긍정적 영향을 미치게 될 것이다.[3)]

2) 통일의 필요성

이제 통일이 과연 필요한가 필요하지 않는가에 대해 알아보기로 하자.

앞에서 본 바와 같이, 최근 통일을 할 필요가 없다고 생각하는 국민이 조금씩 늘고 있다. 이것은 우리 국민이 오랜 분단상태에 비교적 익숙해져 있기 때문인 것 같기도 하다. 또한 통일과정에서 우리 국민이 짊어져야 할 경제적 부담이나 사회적 혼란 등을 생각해 본다면 차라리 지금과 같은 분단상태가 더 낫다는 의사 표현이라 여겨진다.

우리 국민 다수가 통일에 관심이 적고 부정적 생각이 늘어난다면 아무리 정부가 통일의지를 갖고 노력한다고 하더라도 통일은 더욱 멀어질 것이다. 그래서 통일의 비용보다 편익이 더 크다는 점을 부각시켜 국민이 동참할 수 있는 환경을 만드는 것이 중요하다.

이 문제와 관련한 선행연구를 찾아보면, 여러 가지 통일의 필요성을 언급해 놓고 있다. 선행연구를 참고하여 통일의 필요성을 정리해 보고자 한다. 여기에서 말하는 통일은 결과적 통일과 과정적 통일 둘 다를 포함하고 있으며, 남한주도의 통일이 달성될 경우를 가정한 것이다.

첫째, 전쟁의 위협에서 벗어나 국민의 삶을 평안하고 안정되게 해 준다. 분단은 국가안보를 불안하게 만드는 핵심요인이다. 한국전쟁을 직 · 간접적으로 경험한 우리 국민은 분단으로 인한 안보불안을 느낄 수밖에 없다. 물론 통일된다고 해도 주변강대국의 한반도에 대한 안보위협은 여전히 남아있을 것이다.

하지만 통일한국이 되어 주변국가에 적절히 대처한다면 분단된 지금 상황보다는 훨씬 안정되고 평안한 생활을 누릴 수 있을 것이다.

둘째, 다양한 이득을 얻게 되어 보다 강한 국가를 구성해 나갈 수 있다. 통일은 남한의 자본 · 기술과 북한의 지하자원 · 노동력을 활용해 통일한국의 성장동력을 이끌어낼 수 있다. 최근 남한의 경제성장율이 2%대에 머물러 있음을 고려해 볼 때 우리의 성장동력은 한계에 와 있다고 여겨진다.

또한 7,500만 명이 넘는 인구는 내수시장을 넓혀 경제를 활성화시키는데 큰 도움이 될 수 있다. 넘쳐나는 남한의 인력이 북한으로 진출해 사회간접 시설이나 서비스산업을 확충하는 등 북한지역에서 필요한 일자리를 얻을 수 있다. 소모적인 남북한 간 경쟁으로 경제적 · 심리적 자원낭비를 없앨 수 있다. 이러한 통일이득을 통해 지금보다 더 부강한 국가를 만들 수 있을 것이다.

셋째, 통일은 분단비용을 줄이는데 기여한다. 분단비용이란 분단으로 인해 지불해야 할 유 · 무형의 비용을 의미한다. 다시 말해, 통일이 이루어지지 않음으로서 발생하는 비용과 통일이 되었다면 지불하지 않아도 되는 비용을 합친 것이다. 분단비용에는 체제유지를 위한 국방비, 국제사회에서 경쟁하는 데 소모되는 정치외교적 비용, 분단으로 인한 전쟁공포, 불필요한 물류비용, 국제사회의 남한경제 저평가 등이 포함된다.

분단비용 가운데 큰 비중을 차지하고 있는 것이 국방비이다. 남한은 2016년 총예산의 10% 정도인 39조원 가량을 국방비로 지출했다. 물론 통일이 되더라도 주변국을 고려해 일정 정도의 국방비는 당연히 필요하다. 그럼에도 통일을 이루어 국방비를 줄일 수 있다면 절약한 자금이 통일한국의 경제운용에 큰 도움이 될 것이다.[4)]

넷째, 한 민족이기 때문에 통일이 필요하다. 최근 다문화사회로 진입하고 있는 한국에서 민족이 하나임을 강조하는 것은 다문화적 흐름과 맞지 않은 측면이 있다. 하지만 남북한이 같은 민족임을 인식하지 않는다면 굳이 남한과 북한이 통일할 필요가 있을까. 지금처럼 남북한이 아무런 접촉도 없이 적대적 대상으로 여기는 상황에서 공통분모가 없다면 남한이 북한과 통일할 이유가 없을 것이다.

남한의 국익을 위해서라면 우리가 미국이나 중국 심지어 일본과도 통일할 수도 있을 것이다. 같은 민족임을 지나치게 강조하는 것은 문제가 있지만 그렇다고 통일의 공통분모인 민족이라는 뿌리를 내팽개칠 수는 없다. 물론 우리 사회에 들어와 살고 있는 다양한 민족이나 인종을 통일의 주체로 동참시키는 것은 당연하다.

다섯째, 이산가족의 고통을 없애기 위해 필요하다. 지금까지도 남북한에는 한국전쟁 후 상당수의 이산가족이 생존해 있다. 오랜 분단으로 인해 이산가족문제 해결논의가 점점 엷어지고 있고 또 국민의 관심에서 조금씩 멀어지는 듯하다.

남북한 접촉 때 주로 거론되던 것이 이산가족 상봉문제인데 통일을 통해 이산가족 문제가 해결될 수 있다. 통일이라는 열매를 맺음으로써 이산가족의 고통이나 어려움을 상당 부분 해소할 수 있을 것이다.

2. 분단, 원치 않았던 남북한 정권의 탄생

1) 분단의 원인과 과정

일본의 한반도지배는 2차 세계대전의 종결에 따른 일제의 패망으로 끝났다. 식민지배를 받았던 많은 국가들이 해방되었듯이 한반도는 35년간의 일제지배로부터 해방되었다.

하지만 한반도는 그토록 갈망했던 독립국가로서가 아닌 민족분단이라는 또 다른 시련 앞에 놓이게 되었다. 한반도는 2차 대전 과정에서 형성된 미소냉전으로 말미암아 남북분단이라는 엄청난 고통 속에 빠지게 되었다.

해방 이후 연합국 내 열강 간에 한반도 독립에 관한 논의가 있었다. 1943년 11월 미국의 루즈벨트, 영국의 처칠, 중화민국의 장개석이 이집트 카이로에서 회담(카이로선언)을 열었다. 이 회담에서 일본패전 후 한반도를 일정 기간 미 · 소 · 영 · 중 4개국의 신탁통치 하에 두고 적당한 시기가 지난 뒤 한반도를 독립시킨다는 것이 결정되었다. 1945년 7월 미국 트루먼, 영국 처칠, 그리고 소련 스탈린이 참석한 포츠담회담에서 이 카이로선언을 재확인했다.

그런데 카이로선언과 포츠담회담에서는 한반도의 독립에 대한 원칙에만 합의했지 언제, 어떠한 방식으로 독립시킨다는 구체적 논의가 없었다. 이 두 회담이 아무런 구체적 방안을 결정하지 않은 채 한반도 독립만 연기시켰다. 이것이 한반도에서 정치적 혼란과 이념적 갈등을 심화시킨 원인이 되었다는 점에서 연합국의 책임이 크다.[5]

특히 1945년 2월 미국, 영국, 소련 대표가 모인 얄타회담에서 미국은 소련의 대일전 참가를 적극 권유함에 따라 결과적으로 소련이 한반도의 38도선 이북을 차지하게 만들었다.[6] 연합국은 1945년 5월 독일이 항복하자 일본을 항복시키기 위한 방안을 찾았다. 미국은 소련이 한반도 전체의 점령을 막고 일본군의 무장을 해제하기 위해 38도선을 기준으로 분할점령할 것을 소련에 제안하였다.

1945년 8월 9일 소련군은 북쪽을 점령하였고, 9월 8일 미군이 남쪽을 지배하였다. 이러한 과정을 고려해 볼 때 한반도 분할은 미국과 소련의 군사적 편의에 따라 결정되었다고 할 수 있다.

한반도의 분단은, 분단원인을 제공한 일제의 강압적 식민지배에 기인함과 동시에 한반도의 지정학적 중요성을 이용하고자 했던 미국과 소련에 책임이 있다. 만약 일본이 한반도를 지배하지 않고 2차 세계대전을 일으키지 않았으면 분단되지 않았을 것이다.

소련은 한반도를 활용해 동아시아지역에 영향력을 확대할 목적을 가지고 있었다. 또한 미국은 소련의 한반도 단독점령을 막고 동아시아지역에서 미국의 주도권을 유지하기 위해 한반도 분할정책을 추진했던 것이다.

북쪽을 점령한 소련은 당시 북한을 어떻게 통치할 것인가에 대한 구체적 정책이 없었던 것 같다. 그래서 소련은 소련군정청을 조직하지 않고 간접적으로 북한을 통치하려 했다. 형식적으로는 북한의 통치체제를 인정해 주었다. 당시 북한에서 유지되고 있던 건국준비위원회를 인정해 주었다.

하지만 북한의 정책은 실질적으로 소련의 지도하에 결정되었다. 소련은 북한에 인민위원회라는 친소조직을 설립해 정책을 통제하였다. 1945년 10월 소련군 장교였던 김일성이 평양으로 들어와 소련의 비호 하에 북쪽지역에 단독정권을 수립했다.

1945년 9월 초 남한을 점령한 미국은 미군정청을 조직하고 이를 통해 남한을 직접통치하는 방식을 택했다. 당시 남한에는 건국준비위원회와 토착민족주의집단이 조직되어 있었다. 그런데 미국은 남한의 유일하고 합법적인 정부는 미군정청밖에 없다고 선언하면서, 당시 사실상의 정부였던 건국준비위원회를 인정하지 않았다. 더구나 일제의 강압적 지배에 항거하면서 우리 국민의 구심적 역할을 했던 대한민국 임시정부도 인정하지 않았다.

이러한 미국의 남한정책은 우리 국민의 정치지도력을 약화 · 분열시킨 결과를 가져왔다. 남북한을 통틀어 국가의 구심적 역할을 할 수 있었던 임시정부의 김구, 이승만 그리고 김규식 등의 독립투사들이 개인자격으로 귀국할 수밖에 없었고 건국준비위원회의 영향력도 현저하게 위축되었다.[7)]

미군정은 일제의 식민통치기구를 인정하고 일부 친일파를 중심으로 남한을 이끌고자 했다. 그러자 미군정과 남한민족주의세력 간 갈등이 심화되어 해방정국을 효과적으로 활용하지 못했다.[8)]

미국과 소련이 지배하던 남북한 간에 점점 분단의 장벽이 높아져갔다. 그래서 미국은 남북문제를 해결하기 위해 국제사회로 공을 던졌다. 이 문제를 논의하기 위해 미, 소, 영 세 국가의 대표로 구성된 모스크바 3상회의가 열렸다.

모스크바 3상회의는 1945년 12월에 개최되었다. 카이로선언과 포츠담회담에서 한반도를 적당한 시기가 지난 후 독립시킨다는 약속을 이행하기 위한 논의가 이 회의에서 이루어졌다.

여기에서 논의된 모스크바협정 내용을 정리하면 첫째, 한반도 내에서 좌우세력이 합작을 하고 남북이 협력해 통일정부를 만들며 둘째, 통일정부 수립과 독립을 미국과 소련이 협력해 도우며[9] 셋째, 한반도 신탁통치를 위한 협정을 검토하며 넷째, 미소공동위원회를 개최한다는 것이다.

그런데 당시 국제적으로 냉전체제가 강화되어 갔고, 한반도 내 미소 간 대립으로 분단이 심화되고 있었기 때문에 모스크바협정이 실행되기 어려웠다.

모스크바협정에서 특히 논란이 된 것은 신탁통치문제였다. 남북한을 통틀어 좌익(북쪽의 김일성, 남쪽의 여운형, 조선공산당 등)은 신탁통치안에 찬성했고, 우익(북쪽의 조만식, 조선민주당, 남쪽의 김구, 이승만, 김규식 등)은 반대했다.

신탁통치문제로 한반도에서는 격렬한 좌우익 대결이 벌어졌다. 그래서 한반도의 통일정부 수립과 신탁통치문제를 논의하기 위해 1946년 미소공동위원회가 열렸으나 미소 간 심각한 견해차로 인해 회의가 결렬되었다.

이후 남한에서 1946년 5월 중도우파 김규식과 중도좌파 여운형은 좌우합작운동을 전개했고, 우파 이승만은 남한만의 단독정부 수립을 주장했다. 미군정은 이승만보다 좌우합작운동을 더 지지했다. 좌우합작운동이 성공하지 못하자 미군정은 1947년 남조선 과도정부를 만들었다.

한편, 북한에서는 김일성 주도의 단독정부수립 계획이 가시화되고 있었다. 김일성을 위원장으로 하는 북조선인민위원회가 구성되어 북한의 최고권력기구 역할을 수행했다.

1947년 5월 제2차 미소공동위원회가 열렸으나 역시 미소 간 현격한 견해차로 인해 결렬되었다. 그러자 미국은 한반도문제를 유엔에서 논의할 것을 제안하였다. 유엔은 국제연합한국임시위원단(UNTCOK)을 설치했다. 이 위원단의 관리 하에 남북한 총선거 실시 후 국회를 구성하고 정부를 수립하여 한반도문제를 해결하고자 했다.

하지만 소련의 반대로 유엔한국임시위원단의 북한입국이 거부되자 이 위원단은 1948년 5월 10일 남한만의 총선거를 실시하기로 결정했다.

그런데 아쉽게도 당시 남쪽에서는 총선거 실시문제로 인해 정치인들 간의 대립이 심했다. 이승만은 총선거를 통한 남한정부가 정통성을 가진다고 하면서 남한만의 단독정부 수립을 주장했다.

이에 반해 김구, 김규식은 한반도의 영구분단을 가져온다면서 남한만의 총선거를 반대했고, 북한에게 통일민주정부를 수립하기 위해 남북대표자 연석회의 개최를 제의했다.

이 남북대표자 연석회의 제의를 수락한 북한의 김일성은 1948년 4월 평양에서 회의를 열자고 했다. 어렵게 평양을 방문한 김구, 김규식은 북한의 짜여진 각본에 따른 회의진행과 결과에 낙담해 아무런 성과를 얻지 못하고 돌아올 수밖에 없었다.

2) 남북한 정권의 수립

남북대표자 연석회의가 성과없이 종결된 후 국제연합한국임시위원단의 관리 하에 1948년 5월 남한 최초의 총선거가 실시되었다. 총선거를 통해 선출된 국회의원은 제헌의회를 구성했다. 제헌의회는 남한 최초의 헌법을 제정하고 대통령으로 이승만을, 부통령으로 이시영을 선출했다. 이어 8월 15일 임시정부의 법통을 이어받은 대한민국 정부가 수립되었다.

북한은 1948년 8월 25일 남한의 국회격인 최고인민회의 대의원 선거를 실시했다. 이 선거를 통해 조직된 최고인민회의는 9월 3일 헌법을 제정한 후 9월 9일 조선민주주의 인민공화국 정부수립을 선포했다.

여기에서 1945년 해방 직후의 분단책임, 1948년 남북정부수립 때의 분단책임, 그리고 남북한 정권수립 문제를 간략히 정리[10)]해 보기로 한다.

1945년 일제로부터 해방된 시기의 분단책임과 관련한 사항이다. 첫째, 일제의 불법적 한반도지배 때문이다. 일제가 한반도를 강압적으로 지배했기 때문에 한반도가 분단되었다. 2차 대전을 일으킨 일본의 패전으로 연합국은 전후 일제의 식민지문제를 처리해야 했다. 이 과정에서 한반도의 처리문제가 대두되었고 그 연장선상에서 한반도가 분단되었다.

둘째, 분단책임은 미국과 소련에게 있다. 전후 국제질서는 미국과 소련 중심의 얄타체제로 재편되었다. 이에 따라 미국과 소련이 한반도를 공동으로 지배하게 되었고 이 과정에서 한반도가 분단되었다.

셋째, 우리 국민들 중 특히 정치지도자들에게 부분적 책임이 있다. 일제강점 하에서 우리 지도자들이 힘을 합쳐 연합국과 함께 일제에 대항했더라면 분단을 피할 수도 있었을 것이다.

다음으로 1948년의 분단책임에 대한 것이다.

첫째, 미국과 소련에게 일차적인 분단책임을 물을 수 있다. 미국과 소련은 자신들의 국가이익을 최우선적으로 고려하면서 남북한을 지배했다. 그러다보니 해방직후 갈라진 한반도를 통일시키는데 소극적이었고 따라서 당시 존재했던 잠정적 분단이 기정사실화되어버렸다.

둘째, 우리 국민의 책임이다. 1945년의 분단과정을 겪으면서도 좌우익과 남북한은 철천지원수를 만난 듯 대화와 타협보다 갈등과 분열을 일삼았다. 만일 좌우익과 남북한이 이념적 · 지역적 갈등을 접고 한반도 통일이라는 공동의 목표를 세워 미국, 소련과 슬기롭게 협상해 나갔더라면 또다른 기회를 맞이할 수 있었을 것이다.

1948년 8월 15일에 남한정부가 그리고 9월 9일에는 북한정부가 수립되어 한반도 분단이 현실화되었다. 실질적인 분단이 되었음에도 남북한은 분단현실을 인정하지 않고 자기식의 한반도 통일을 주장했다. 평생을 조국의 광복과 독립에 온 몸을 던지면서 남한의 단독정부수립을 반대해 온 김구, 단독정부수립에 성공해 정권을 잡은 이승만은 물론, 북한정권의 1인자가 된 김일성도 통일을 주장하기는 마찬가지였다.

남북한은 서로 자신의 체제가 한반도의 유일 합법정부임을 주장하면서 남쪽은 북쪽에 대해, 북쪽은 남쪽에 대해 각각 체제의 정통성을 강화시키려고 했다.

3. 한국전쟁의 원인과 영향

1) 한국전쟁의 원인

1948년 남북한 정권이 수립된 후 2년이 채 되지 않은 시기, 한반도에는 일어나서는 안 될 전쟁이 터졌다. 북한의 남침으로 발발한 한국전쟁은 남한에게 정신적 · 물질적으로 엄청난 상처를 입혔다.

남북한 정부가 수립된 후 한국전쟁이 일어나기 전에도 서로 정치적 안정과 입지강화를 위해 상호비방과 소규모 무력충돌이 빈번하게 일어났다. 북한을 무력으로 통일해야 한다고 주장한 이승만과 남한을 공산화시켜야 한다고 주장한 김일성은 서로 자신의 의지를 관철시키기 위해 갖은 노력을 다했다. 그래서 한국전쟁이 일어났을 때 남북한은 서로 상대방의 무력침략 때문이라고 주장했다.[11)]

하지만 냉전이 끝난 후 공개된 구소련 및 중국의 자료를 종합해 볼 때 한국전쟁의 핵심원인은 남한지역을 공산화하겠다는 김일성의 의지를 현실화시켰다는 점이다. 김일성은 스탈린에게 남침계획을 강력히 펼치면서 소련의 지원을 요청했고, 이 요청에 스탈린이 동의함으로써 남침이 이루어졌다는 것이다.[12]

그런데 한국전쟁의 원인을 김일성 개인의 남한공산화 의지만으로 보기는 어렵다. 한국전쟁이 발발할 시점은 냉전의 격화시기였다. 냉전이 고조되는 시기가 아니었다면 아마도 북한의 남침이 현실화되기 어려웠을 것이다.

우선, 미국의 정책에 문제를 제기할 수 있다. 물론 미국의 국익을 최우선적으로 생각하면서 정책을 결정했겠지만, 1950년의 애치슨라인[13]은 북한의 오판을 불러일으켰다는 비판을 받고 있다. 이에 더해 미국은 북한의 독자적 전쟁수행 능력을 과소평가했다. 또한 북한의 남침을 막을 수 있는 남한의 군사적 준비가 되어있지 않았다는 점 등이다.

한국전쟁의 원인을 정리해 보기로 하자. 한국전쟁은 첫째, 김일성의 남한 공산화 의지 둘째, 미소냉전의 격화 셋째, 냉전에 따른 소련의 야욕 넷째, 미국의 정책적 판단문제 다섯째, 북한에 대적할 수 있는 남한의 군사적 준비부족 등의 원인이 복합적으로 작용했다고 할 수 있다.[14]

한국전쟁 당시 남북한 군사력은 현격한 차이가 있었다. 분단상황을 잠정적이라고 판단한 남북한 정부는 서로 무력으로 통일할 수 있다는 생각을 가지고 있었다. 이 상황에서 북한은 소련으로부터 탱크, 항공기 등 상당한 군수물자를 지원받았다.

하지만 남한은 미국으로부터 적극적으로 군수품을 제공받지 못했다. 그것은 미국이 당시 이승만의 북진통일론에 반대했고, 무력통일 주장에 제동을 걸었기 때문이다. 이러한 현실을 간파한 북한은 미국의 남한개입 가능성이 적다는 상황판단과 함께 남침을 감행했다.

한국전쟁이 일어나자 미국주도로 유엔안전보장이사회가 소집되었고, 북한을 응징하기 위해 유엔은 남한에 대한 군사지원을 결정했다. 미국은 극동방위선에서 남한과 대만을 제외한 정책을 접고, 남한의 공산화를 방지함과 동시에 동아시아의 진출을 위한 근거지인 일본을 방위하기 위해 한국전쟁에 참전했다.

2) 한국전쟁이 미친 영향

한국전쟁은 여러 차원에 영향을 미쳤다. 이 문제에 대해 한국정치외교사학회에서 발간한 자료[15]를 통해 검토해 보기로 한다.

첫째, 국제정치에 미친 영향이다.

먼저, 한국전쟁이 끝난 후 미국의 군사력이 크게 증강되어 미국은 세계 1위의 군사대국이 되었다. 물론 소련도 어느 정도 군사력 강화가 이루어졌으나 미국의 군사력에는 미치지 못했다.

다음으로, 미국을 중심으로 한 서방의 군사동맹이 강화되었다. 미국은 북대서양조약기구(NATO)를 크게 강화시켜 서유럽에 미군이 주둔할 수 있도록 했다. 미국은 일본의 군비재건을 지원했고,

한국, 대만, 필리핀 등 아시아 국가들과 반공산동맹을 구축했다.

또한, 소련, 중공, 북한 세 국가 간에 갈등이 나타나기 시작했다. 소련은 한국전쟁에 직접적인 개입회피정책을 취하다 보니 소련의 군사지원을 원하던 중공과 북한으로부터 원성을 샀다. 이런 일련의 과정이 중소분쟁의 단초가 되었다.

둘째, 남한에 미친 영향이다.

우선, 남한에 강력한 반공 보수세력이 등장했고, 군사력이 증강되었다. 남한사회에 '친공 대 반공'이라는 흑백논리가 대두하였으며, 민주사회주의자 같은 중도세력의 입지가 약화되었다.

다음으로, 한국전쟁은 남한이 친미 · 친서방 노선을 추구하게 했고, 이승만정권을 강화하는 결과를 가져왔다.

셋째, 북한에 미친 영향이다.

먼저, 김일성정권은 반대세력을 제거하는 데 한국전쟁을 이용했다. 박헌영을 비롯한 국내파, 무정 등의 연안파, 그리고 허가이 등의 소련파를 숙청한 후 김일성 일인독재체제를 강화했다.

다음으로, 반미주의를 천명해 북한주민의 절대복종을 강요했으며, 주민의 동원체제를 정비해 경제재건정책을 추진했다.

넷째, 남북한관계에 미친 영향이다.

우선, 남북한 간 적대감과 불신감이 증폭되어 대화와 협력을 통한 통일추진의 길이 막혀버렸다.

다음으로, 상호 군사력 증강경쟁이 격화되어 경제를 발전시키는데 투자할 자원이 축소되었다.

남북한이 독자적인 생존방안을 모색하게 되었고, 쌍방 간에 의존성보다 이질성이 점점 더 커지게 되었다.

4. 한국전쟁 이후의 남북관계

1) 냉전시기의 남북관계

1948년 남북한 정권이 수립되자 남북한은 각각 상대방 정부를 부정하고 한반도의 유일 합법정부라고 주장했다. 남한은 북한을 무력으로 통일하고자 했으며, 북한은 북한대로 남한을 공산화시키려는 의도를 숨기지 않았다. 이러한 대립과 갈등의 남북관계는 결국 한국전쟁이라는 동족상잔의 비극적 사태를 맞고 말았다.

한국전쟁은 휴전까지 3년이라는 기간이 걸렸다. 전쟁과정에 남북한은 경제성장에 필요한 생산시설이나 자재 등이 사실상 모두 파괴되어버린 것과 다름없는 상황을 맞이하게 되었다.

이제 남한과 북한은 서로 자기체제가 우월하다는 주장을 하면서 경쟁관계에 돌입했다. 남한은 미국의 민주주의와 자본주의 이념, 그리고 시장경제체제를 도입해 경제를 발전시키고자 했다. 그 반면 북한은 사회주의이념을 기본으로 한 계획경제체제를 채택해 경제성장을 도모하고자 했다.

엄청난 갈등과 적대감을 심어준 한국전쟁의 여파로 남북 간에는 오랜 기간 접촉과 교류가 없었다. 남북관계가 대화국면으로 접어든 때는 1970년대 초 견고했던 미 · 소 냉전기류가 조금 완화된 시기였다.

최초로 남북대화가 이루어진 것은 1972년 이산가족문제를 논의하기 위한 적십자회담이 개최되면서부터였다. 1971년 남한의 대한적십자사가 이산가족문제를 협의하기 위해 남북적십자회담을 북한에 제의했다. 이를 계기로 이산가족 생사확인, 서신왕래, 방문과 상봉 등을 협의하기 위한 남북적십자회담이 7차에 걸쳐 이루어졌다.[16]

1972년 박정희 대통령의 지시로 당시 중앙정보부장 이후락이 북한을 방문해 김일성을 만났다. 김일성을 대신해 북한 부수상 박성철이 박정희 대통령을 접견한 후 1972년 7.4남북공동성명이 발표되었다.

이 공동성명을 바탕으로 남북조절위원회가 만들어져 남북회담이 이루어졌다. 그런데 1973년 남한이 6.23선언을 발표하자 북한은 일방적으로 남북대화를 중단해 버렸다. 같은 해 7월 7차 남북적십자회담이 개최되었으나 성과없이 끝나고 말았다.

7차 적십자회담 이후 12년 만인 1985년 5월 8차 남북적십자회담이 열렸다. 남북이산가족 상봉에 합의해 9월 이산가족 고향방문 및 예술공연단의 서울과 평양 동시 교환방문이 이루어졌다. 이 이산가족 상봉은 분단 이후 40년 만의 성과였다.[17] 1980년대 중반에는 남북회담이 경제와 체육분야로 확대되었다.

하지만 한국전쟁 이후부터 1980년대까지의 남북대화는 쌍방이 노력했음에도 화해와 협력으로 나아가지 못했다. 그것은 남북 간 문제도 있었지만 국제상황을 지배하고 있던 냉전체제가 큰 영향을 주었기 때문이다.[18)]

2) 냉전시기 이후의 남북관계

1990년을 전후해 세계를 지배했던 냉전체제가 끝이 났다. 이와 함께 독일이 통일되었고 동유럽공산국가가 붕괴되어 자본주의국가로 변화되기 시작했다. 탈냉전시대를 맞아 남북관계도 대화와 협력의 방향으로 나아갈 수 있었다.

남북총리를 대표로 한 회담을 통해 남북기본합의서가 만들어졌으며, 북한의 식량난이 심했던 고난의 행군기간 남한은 남북적십자회담을 통해 북한에 구호물자를 보냈다.

1990년대 중반 남북한은 부총리급 대표회담을 통해 정상회담을 위한 접촉을 시도했고, 이 예비회담에서 김영삼 대통령과 김일성 주석과의 정상회담을 1994년 7월 말 열기로 합의했다. 그런데 갑작스런 김일성의 사망으로 남북정상회담은 이루어지지 못했다.

이후 김대중 대통령은 북한의 김정일에게 정상회담을 열면 좋겠다고 제의했다. 이 제의에 북한이 호응해 옴에 따라 2000년 6월 최초의 남북정상회담이 성사되어 김대중 대통령이 평양을 방문했다. 남북정상회담에서 이산가족문제, 여러 분야의 교류문제 등을 포함한 '6.15남북공동선언'이 채택되었다.

남북정상회담이 성사된 후 남북장관급회담을 시작으로 여러 분야에서 회담이 이루어졌다. 2000년 남북국방장관회담이 개최되어 민간인의 왕래와 교류협력 보장을 위한 논의가 있었다.

이산가족 화상상봉 및 면회소 착공 그리고 새로운 경협모델 발굴 등에 합의했으며, 남북경제협력추진위원회가 개최되어 경제교류와 협력사업을 추진하기로 합의했다. 또한 남북적십자회담을 통해 이산가족 상봉과 방문문제 등을 협의했다.

2007년 10월 초 역사적인 두 번째 정상회담이 평양에서 열렸다. 노무현 대통령과 김정일 위원장이 만난 남북정상회담에서 정전체제를 끝내고 지속적인 평화체제를 만드는데 의견을 같이 했다.

남북한이 정치, 군사, 경제, 사회문화 분야 등에서 공동사업을 함께 하기로 했으며, 이 정상회담에서 '남북관계발전과 평화번영을 위한 선언'(10.4선언)이 발표되었다. 2007년 정상회담 이후 남북장관급회담이 총리회담으로 격상되어 총리회담, 장관급회담, 실무회담 등이 각각 열렸다.

이명박정부가 출범한 후 북한이 2008년 3월 남북당국 간 대화와 접촉을 일방적으로 중단함으로써 남북대화는 사실상 단절되었다. 2008년 10월 남북 간 실무접촉이 재개되었으나 남북대화를 복원시키지는 못했다.[19]

2009년 4월이 되자 남북한 서로의 필요에 의해 대화가 다시 시작되었다. 개성공단 문제, 남북적십자회담, 금강산관광 및 개성관광 사업 등 여러 현안 논의를 위해 남북접촉이 재개되었다.

하지만 2010년 북한의 천안함 피격과 연평도 포격 등의 무력도발 때문에 모처럼 재개되었던 남북대화가 진전을 보기도 전에 무산되고 말았다. 이후 남북대화는 이명박정부 시기 동안 이루어지지 못했다.[20)]

2013년 출범한 박근혜정부는 대화와 협력을 통해 남북한 사이에 신뢰를 구축하고자 했다. 박 정부는 '한반도 신뢰프로세스'라는 통일정책을 마련해 북한이 핵개발을 포기하고 국제사회의 규범을 지킨다면 남한과 얼마든지 대화할 수 있고, 이를 통해 교류와 협력을 늘여나가겠다고 밝혔다.

하지만 북한이 핵실험을 하고 미사일을 발사하자 남북대화가 더 이상 진전되기 어려운 국면을 맞게 되었다. 2014년 이산가족 상봉문제와 개성공단 임금문제 등을 논의하기 위해 남북접촉이 이루어졌다. 우여곡절 끝에 개성공단 임금문제는 타결되었으나 이산가족 상봉관련 협상은 결렬되었다.

2014년 9월 인천아시안게임 때 북한의 황병서 총정치국장, 최룡해 비서, 김양건 비서가 폐회식에 참석하여 남북고위급 접촉이 있었지만 일회용으로 끝나고 말았다.

2015년 8월 비무장지대 남측 지역에서 북한소행의 지뢰도발이 있었다. 이 문제를 해결하기 위해 남북고위급 접촉이 판문점에서 열렸다. 여기에서 남한은 북한의 유감을 받아냈다. 이와 함께 이산가족 상봉정례화를 비롯한 민간교류 활성화에 합의(8.25합의)했다.

다행히 이 합의대로 2015년 10월 금강산에서 이산가족 상봉행사가 성사되었다.

이어 2015년 12월에 남북당국회담이 열렸다. 남한에서는 이산가족 문제, 민간부문의 교류 · 협력문제, DMZ 세계생태평화공원 조성문제, 개성공단 3통 문제[21] 등의 사안을 중점적으로 논의하려고 했다. 그 반면, 북한은 금강산관광 재개문제를 제기하면서 금강산관광 재개에 먼저 합의하지 않으면 다른 문제에 대한 협의를 할 수 없다고 했다. 결국 12월의 회담은 아무런 성과없이 끝나고 말았다.[22]

현재 북한은 핵개발, 미사일발사, 무력도발 등 남한을 비롯한 국제사회에 문제를 일으키고 있다. 남한은 필요한 때에는 단호하게 채찍을 사용하면서도 북한을 통일의 한 축으로서 인정하는 모습을 보여줄 필요가 있다. 평화적 통일은 남북한이 함께 이루어나가야 하기 때문이다.

냉전체제가 끝난 후 최근까지의 남북관계를 간략히 정리[23]해 보면 다음과 같다.

첫째, 1990년대에 들어 체제경쟁에서 남한이 확실하게 우위를 갖게 되었다는 점이다. 1980년대에 들어와 남한이 북한에 대해 주도권을 잡았지만 북한은 이를 인정하지 않고 끊임없이 북한체제의 우월성을 주장했다. 하지만 탈냉전시기의 도래와 함께 동구공산국가가 무너지면서 사회주의체제에 대한 자본주의체제의 우월성이 인정되자 북한도 남한의 위상을 인정했다. 특히 남한은 북한보다 월등한 경제성장을 이룩해 국제사회에서 주도권을 쥐게 되었다.

둘째, 남북관계가 과거에 비해 국제화되었다는 점이다. 이러한 국제화현상은 특히 북한의 핵문제가 국제적 현안문제로 떠올랐기 때문이라 할 수 있다.

북한은 국제사회의 강력한 반대에도 아랑곳없이 2006년 1차 핵실험을 시작으로 2016년까지 다섯 차례의 핵실험을 실시함으로써 남한을 비롯한 국제사회에 심각한 위협을 주고 있다. 이러한 상황은 한반도와 밀접한 이해관계를 갖고 있는 주변 네 강국뿐만 아니라 다수 국가들이 남북한문제에 큰 관심을 가지게 했다.

셋째, 한반도의 평화와 발전을 위해 남북한 서로가 서로를 필요로 하고 있으나 남북관계가 실질적인 진전을 가져오지 못하고 있다는 점이다. 이렇게 실질적 진전으로 나아가지 못하는 일차적 원인은 북한에게 있다. 국제적 고립상태에 있는 북한이 국제사회가 반대하는 핵개발을 강행하면서 남한에 대해 억지 주장하는 측면이 많기 때문이다.

북한은 남한을 적으로 보지 말고 북한의 발전에 기여하는 협력의 대상으로 인식해야 한다. 그래야 남북한 협력과 교류가 순조롭게 이루어질 수 있다.

남한도 북한을 적으로만 보기보다는 공존의 대상, 나아가 통일의 당사국으로 인정하고 남한의 발전에 필요한 것, 예를 들어 남북 간 긴장완화나 북한의 지하자원 활용 방안 등을 강구할 필요가 있다.

미래 통일을 위해서 남한은 포용력을 가지고 북한을 대화와 협력의 대상으로 인정하는 자세가 필요하다. 남북한은 서로 신뢰에 바탕한 교류와 협력을 통해 상생관계를 만들어 나갈 필요가 있다. 이를 위해 북한은 특히 비핵화정책을 통해 개방과 개혁의 길로 나서야 한다.

북한이 비핵화하면 남한과 미국 등 국제사회가 이에 상응하는 대책을 마련하여 북한체제 유지에 걸림돌이 없도록 노력할 필요가 있다. 남북한이 신뢰하는 관계, 안정적인 관계, 상호 의존하는 관계, 평화적 통일을 위해 협력하는 관계가 되도록 함께 노력할 필요가 있다.

5. 남한과 북한의 통일정책

1) 남한의 통일정책

정부수립 이후 각 정권은 나름의 통일정책을 수립해 시행하고자 했다. 정권의 성격이나 국제적 상황에 따라 통일정책이 변화되어 왔다. 통일정책은 남북관계를 규정짓는 중요한 변수가 된다.

정권이 어떠한 기조로 통일정책을 수립 · 추진하는가에 따라 남북관계가 대결에서 협력으로 혹은 그 반대로 움직여왔다고 해도 과언이 아니다. 남북관계의 변화를 이해하기 위한 방법의 하나는 역대 정권의 통일정책을 검토해 보는 것이다.

가) 정부수립부터 김영삼정권까지

1948년 수립된 이승만정권은 북한정권을 불법정권으로 간주해 북한과의 협상을 배제하고 남한에 의한 무력통일, 즉 북진통일을 주장했다. 이승만정권은 한반도에 공산정권이 존재하고 있는 한 한반도의 안보와 평화가 유지되기 어렵다는 인식을 하고 있었다. 한국전쟁 이후에도 북진통일정책은 이 정권이 끝날 때까지 계속되었다.

4.19혁명으로 등장한 장면정권 시기에는 통일관련 담론이 다양하게 표출되었다. 장면정권은 UN 관리 하에 인구비례에 의한 남북한 동시 자유총선거 실시를 통일정책의 기조로 삼았다.

특히 이 시기에 한반도중립화 주장이 제기되었다. 한반도는 강대국의 이해관계로 인해 분단되었기에 미국과 소련 이 두 강대국의 이해관계를 벗어난다면 남북통일이 가능하다고 여겼다. 장면정권은 선건설 후통일을 바탕으로 무력을 통한 북진통일정책을 버리고 평화통일정책을 추진했다.

5.16쿠데타로 집권한 박정희정권은 이전 정권의 통일정책과 마찬가지로 반공태세 강화와 선성장 후통일 기조를 유지했다. 1967년에 와서 박 정권은 남한이 북한보다 우월한 경제력을 가지게 되면 그것이 북한에게 영향을 미쳐 결국 통일이 이루어질 것이라는 승공통일을 주장했다.

1969년 미국 닉슨 대통령의 괌독트린 발표 이후 국제환경이 견고한 냉전체제에서 느슨한 냉전체제로 바뀌었다. 미국과 중국의 대화, 미 · 일 · 중 · 소 간의 새로운 세력균형 형성 등으로 국제상황은 긴장완화와 평화공존 방향으로 변화되었다.

이러한 국제적 상황변화에 부응하여 박정희정권은 1970년 광복절 경축사에서 평화통일구상 선언을 발표했다. 북한정권을 사실상 인정하고 대화와 협상, 교류와 협력을 통해 평화통일 여건을 만들어가겠다는 점을 밝혔다. 이 선언을 계기로 1971년 남북적십자회담이 성사되어 남북대화가 시작되었다.

이 회담과 함께 일련의 남북접촉이 계속되었고, 그 결과 1972년 분단 이후 최초의 남북당국 간 공식문서인 7.4남북공동성명이 발표되었다. 자주, 평화, 민족대단결이라는 평화통일 3대원칙 합의가 이 성명의 주 내용이었다. 이 원칙은 이전 정권의 선건설 후통일 입장에서 선평화 후통일 입장으로의 정책변화를 의미함과 동시에 남북한 모두 무력적 통일을 포기한다는 의미를 내포하고 있다.

1980년 집권한 전두환정권은 미약한 정통성을 강화할 목적으로 통일문제에 관심을 쏟았다. 그래서 형식적으로는 이전 정부보다 진일보한 통일방안, 즉 민족화합민주통일방안을 입안해 발표했다.

이 통일방안의 특징은 다음과 같다. 첫째, 평화통일원칙을 재확인하고, 민족 · 민주 · 자유 · 복지를 목표로 하는 통일국가 건설을 제안했다. 둘째, 통일을 과정으로 보고, 분단의 현실로부터 출발해 통일의 완성에 이르는 과정을 제시했다. 셋째, 통일국가를 완성하는 과정과 절차를 밝혔다.

1987년 6월 항쟁의 열매로서 1987년 헌법이 마련되었다. 지금

시행되고 있는 헌법이다. 통일과 관련한 내용을 헌법에 규정한 것은 이 헌법이 처음이었다.

1988년 출범한 노태우정권은 민족자존과 통일번영을 위한 특별선언(7.7선언)을 통해, 북한을 대결의 상대가 아니라 선의의 동반자로 간주하고 남북이 힘을 합쳐 통일조국을 건설해 나가자고 했다. 7.7선언을 계기로 통일정책이 형식적으로는 남북한 대결정책에서 화해협력정책으로 바뀌었다. 통일을 위해서는 남북 간 인적 · 물적 교류와 협력이 확대되어야 한다는 점을 강조했다.

7.7선언을 계승하여 1989년 한민족공동체통일방안이 발표되었다. 이 방안은 남북 간 교류와 협력을 통해 민족공동체를 회복 · 발전시키고 이를 바탕으로 정치적 통일을 이루어나가자는 것이다.

남북한 간의 불신과 대결구도를 그대로 두고는 통일이 어렵다는 점을 인식한 결과, 이러한 방안이 발표된 것이다. 자주 · 평화 · 민주원칙을 통해 통일을 건설해 나가자고 했다. 한민족공동체통일방안의 핵심은 다음과 같다.

첫째, 화해협력단계, 즉 남북한 간에 화해와 협력을 증진시켜 신뢰감을 회복한다. 둘째, 남북연합단계, 즉 1민족 2국가 2체제 2정부를 기초로 남북한은 국제사회에서 독립된 국가로 존재하면서 내부적으로 느슨한 형태의 민족공동체를 마련한다. 셋째, 통일국가단계, 즉 이전 남북연합단계에서 제도화된 공동생활권을 바탕으로 남북한 체제를 통합해 1민족 1국가 1체제의 통일국가를 건설한다는 것이다.

7.7선언과 한민족공동체통일방안의 영향으로 남북고위급회담이 열렸다. 1992년에 남북기본합의서가 채택되는 등 수차례의 남북접촉이 있었다. 하지만 고위급회담은 보다 진전된 결실을 거두지 못하고 중단되었다.

1993년 출범한 김영삼정권은 적극적인 통일정책을 추진했다. 김영삼정권은 지금까지의 통일방안을 한민족공동체건설을 위한 3단계 통일방안으로 정리했다. 이 방안은 통일의 과정을 화해협력단계, 남북연합단계, 통일국가 완성단계의 3단계로 설정했다.

이 통일방안은 현재까지 남한의 통일방안으로 유지되고 있다. 또한 김영삼정권은 남한에 의한 흡수통일을 원치 않는다고 밝히면서 북한이 개혁과 개방의 길로 나서도록 설득했다.

나) 김대중정권부터 박근혜정권까지

1998년 출범한 김대중정권은 1991년의 남북기본합의서에 의거해 북한과의 교류와 협력을 주장하고, 남북의 평화적 공존을 강조했다. 이 남북기본합의서를 실천하는 과정에 북한의 무력도발을 용납하지 않으며, 북한을 흡수통일하지 않을 것이고, 남북 간 화해와 협력이 가능한 분야부터 적극적으로 추진해 나갈 것임을 밝혔다.

또한 남북 간에 교류와 협력이 이루어질 경우, 북한이 미국, 일본 등 남한의 우방국가나 국제기구와 교류협력을 추진할 때 남한은 이를 지원할 용의가 있다고 했다.

김대중정권은 정경분리원칙을 통해 경제협력을 확대하고자 했다. 북한의 식량문제를 해결하기 위한 지원 등 한반도의 평화와 안정을 위한 대북포용정책을 추진했다.

이 대북포용정책은 첫째, 평화를 파괴하는 일체의 무력도발을 허용하지 않으며 둘째, 흡수통일을 배제하며 셋째, 남북한 화해협력을 추진한다는 세 원칙을 제시하였다. 대북포용정책의 영향으로 남북 간 교류가 이전 정부에 비해 훨씬 더 활발하게 진행되었다. 특히 정부는 남북 간 사회문화 분야의 교류와 협력을 강조하였고, 나아가 남북주민 간 자유왕래와 교류방안을 모색했다. 기능주의적 접근을 통해 남북관계를 개선하고자 했다.

이러한 김대중정권의 교류 · 협력중심 통일정책은 남북최고책임자가 만나는 남북정상회담으로 이어졌다. 이 정상회담을 계기로 남북 간 신뢰도가 많이 향상되었다. 이 믿음을 바탕으로 한반도의 상생을 위한 개성공단이 착공되었다.

남북정상회담이 끝난 후 한국전쟁의 어두운 유산인 비무장지대의 지뢰가 일부 철거되었고, 분단으로 단절되었던 경의선과 동해선 철로가 연결되었다. 또한 남북이산가족 방문의 확대를 포함하여 스포츠, 문화, 학술 등 여러 분야의 교류도 이전 정부에 비해 크게 늘어났다. 이러한 일련의 교류와 협력을 통한 남북관계 변화는 한반도의 평화와 안정에 큰 기여를 했다고 할 수 있다.

2003년 노무현정권이 출범하였다. 노무현정권의 통일정책인 평화번영정책은 전임 김대중정권의 통일정책을 계승하고 있다는 점에서 정책의 일관성을 유지하고 있었다. 노 정권의 통일정책 목표는 한반도의 평화증진과 공동번영이었다. 노무현정권은 1991년의 남북기본합의서와 2000년의 6.15 공동선언을 바탕으로 남북교류와 협력을 확대해 나갔다.

노무현정권은 주변강대국들과의 정상회담을 통해 북핵문제를 해결하고자 했다. 2003년에 열렸던 한미정상회담에서 북핵문제와 남북관계 병행이라는 절충점을 도출함으로써 북핵문제가 더 이상 악화되지 않도록 노력했다.

노 정권은 2004년의 한미정상회담, 한 · 중 · 일 3국 정상회담 등을 통해 북핵문제의 평화적 해결을 위한 국제적 공감대를 이끌어 냈다. 또한 2005년 부산 APEC회의 기간 중에 열렸던 한미정상회담에서 북핵 불용, 북핵문제의 평화적 · 외교적 해결, 그리고 조속하고 검증가능한 핵 프로그램 폐기 등 3원칙과 9.19공동성명을 한반도 비핵화의 중요한 진전으로 평가하였다.

노 정권은 통일정책의 추진원칙으로 첫째, 북한과의 대화를 통한 문제해결 둘째, 상호신뢰 우선과 호혜주의 셋째, 남북당사자원칙에 기초한 국제협력 넷째, 동북아국가 간 평화와 협력추진 다섯째, 국민과 함께 하는 정책 등을 제시하였다. 그리고 이를 위한 추진전략으로 북한 핵문제 해결, 한반도 평화체제 구축, 그리고 동북아 경제협력체 구성 추진 등이 제안되었다.

2006년 북한의 1차 핵실험으로 노 정권의 대내외적 입지가 약화되었다. 그럼에도 노무현정권은 2007년 남북정상회담을 통해 두 체제에 대한 상호존중을 바탕으로 정치, 군사, 경제, 사회문화 등의 영역에서 통일을 위한 공동의 노력을 추진할 것에 합의했다.

이와 같이 남한과 북한은 상호신뢰를 바탕으로 평화체제 확립이라는 제도적 기반을 형성하려고 했다. 그런데 대외적으로 북한 핵실험과 관련한 한미 간 인식의 차이, 그리고 북한체제를 전환시킬 필요가 있다는 미국 주장에 대한 남한의 반대입장 표명 등으로 한미관계가 껄끄러워졌다.

한미관계가 소원해짐에 따라 상대적으로 한중관계가 이전보다 더 긴밀해지게 되었다. 그러자 한반도를 둘러싸고 한중관계 대 미일관계가 미묘해지게 되었다. 이러한 상황은 결국 남한의 독자적 입지를 약화시킨 결과를 가져왔다. 남남갈등의 심화와 노무현정권에 대한 국민의 지지도 하락 등으로 남북 간 평화체제 확립과 같은 성과를 내지 못했다.

그럼에도 노무현정권 시기에 남북한은 신뢰관계를 유지할 수 있었다. 남북한 사이를 가로막는 자본주의와 사회주의라는 이념적 차이에도 이 시기에는 남북화해와 공존을 진전시킬 수 있는 공감대를 어느 정도 마련했다고 할 수 있다. 또한 통일과 북한문제와 관련된 논의가 이전의 어느 정권시기보다 더 다양하게 전개되었다. 각급학교에서 통일교육도 상당히 활발하게 실시되었다.

2008년 출범한 이명박정권은 북한에 대한 포용정책의 기조는 유지하되, 북핵문제 해결과 북한체제 변화를 보다 적극적으로 유도하기 위해 상생공영정책을 추진하였다. 이명박정권은 북한의 비핵화를 최우선과제로 삼고 노무현정권의 통일정책을 비판적으로 재검토하였다.

이명박정권은 두 번의 정상회담에서 각각 발표한 6.15공동선언과 10.4공동선언의 성과가 거의 없었다는 견해를 가지고 있었다. 이명박정권은 한미공조를 통해 북핵포기를 유도하고 만약 북한이 비핵화하지 않으면 대북지원과 교류 · 협력을 하지 않겠다는 원칙을 세웠다.

이 정권이 추진한 통일정책의 핵심은 실용과 생산성에 기초한 상생공영의 남북관계 발전으로 북한의 비핵화를 이루고, 북한의 변화를 통해 한반도 평화통일의 실질적 토대를 마련하겠다는 것이었다.

이명박정권은 북핵문제 해결과 남북한 상생과 공영을 실현하기 위해 '비핵 개방 3000'을 제시했다. 이것은 북한이 핵을 포기하면 남한은 국제사회와 함께 북한주민 1인당 국민소득을 10년 내에 3000달러가 되도록 지원해 주겠다는 내용이다.

이명박정권이 제안한 통일정책의 기대와는 달리, 남북관계는 점점 경색되었다. 북한은 3대 세습체제 구축이라는 북한 내부사정과 함께, 남한이 한반도 내 불안을 조성하는 원인을 제공했다는 명분으로 2008년 금강산 관광객 사망, 2009년 로켓발사와 2차 핵실험, 2010년 천안함 피격과 연평도 포격 등 일련의 사건들을 일으켰다.

우월한 국력을 바탕으로 능동적으로 남북관계를 이끌려고 한 이명박정권의 통일정책은 어느 정도 일리가 있다. 미국과 중국 등 주변 강대국들과 협의하면서 통일문제를 남한이 주도적으로 이끌려고 노력하는 점은 타당하다.

하지만 이명박정권이 시행한 대북압박 통일정책은 별로 효과적이지 못했다. 남북관계는 시간이 경과할수록 더 악화되었으며, 5.24조치[24] 후 개성공단을 제외한 남북교류와 협력이 중단되는 상황에 이르렀다.

2013년 출범한 박근혜정권은 평화통일 기반구축을 핵심 국정기조의 하나로 제시하면서 '한반도 신뢰프로세스'라는 통일정책을 입안 · 추진하고 있다.

박근혜정권은 역대 정부의 남북관계가 북한의 '도발 → 위기 → 타협 → 보상 → 도발'의 악순환 패턴을 반복함으로써 통일을 위한 발걸음을 제대로 떼지 못했다고 비판했다. 남북관계의 악순환 고리를 차단해 지금까지의 통일정책의 한계를 극복하기 위해 남북간의 신뢰형성을 핵심으로 하는 통일정책을 제시하고 있다.[25]

이 통일정책은 튼튼한 안보를 기반으로 남북 간 신뢰를 우선적으로 쌓아 남북관계를 발전시키고 한반도에 평화를 정착시키며, 통일기반을 조성하려는 것이다. 이 통일정책을 위한 추진원칙으로 다음 세 가지를 들고 있다.

첫째, 균형있는 접근을 추진한다는 원칙이다. 균형의 원칙은 한반도를 신뢰공간으로 바꾸기 위해 국제적 규범에 근거한 신뢰외교가 필요하다는 인식 하에, 강력한 억지력을 바탕으로 한 안보와 교류협력, 남북관계와 국제공조의 균형을 도모한다는 것이다.

둘째, 진화하는 정책을 추진한다는 원칙이다. 이것은 북한의 올바른 선택을 이끌고 남북 간 공동발전을 구현하는 방향으로 통일 정책을 지속적으로 보완 · 발전시켜 나간다는 원칙이다.

셋째, 국제사회와의 협력을 통해 통일정책을 추진한다는 원칙이다. 한반도 문제는 남북문제이자 국제문제이기 때문에 특히 북핵문제를 해결하기 위해서는 국제사회와의 협력이 더욱 중요하다. 그래서 국제사회와의 긴밀한 다자협력을 통해 한반도 문제를 해결하고 북한을 국제사회의 책임있는 국가의 하나로 나오게 하자는 것이다.

다시 말해, 신뢰형성을 통해 남북관계를 정상화시키고, 한반도에 지속가능한 평화를 구축하며, 장기적 안목에서 통일을 위한 인프라를 강화하는 정책을 추진하겠다는 것이다.

박근혜정권은 통일의 실질적 준비를 위해 2014년 통일준비위원회를 조직했다. 정부는 기존 조직과 함께 이 위원회를 통해서도 통일준비에 필요한 사안이나 내용 등을 통일정책에 반영하려고 노력하고 있다.

하지만 이명박정권이 출범한 후 남북관계가 점점 악화되자, 통일논의는 흡수통일 쪽으로 단순화되어 갔다. 박근혜정권은 남북한 대화의 마지막 통로라고 할 수 있는 개성공단 폐쇄조치를 내림으로서 남북관계는 최악의 상태를 맞고 말았다.

북핵문제는 남북관계를 결정짓는 중요한 변수 중 하나이다. 2017년 갓 취임한 미국 트럼프정부가 북한 핵문제에 어떠한 방식으로 대응하는가도 또한 한반도 문제의 중요한 변수로 작용하고 있다. 한반도 문제는 대내외적으로 큰 어려움에 봉착해 있다.

박근혜정권이 한반도 신뢰프로세스라는 화려한 통일정책을 마련했지만 남북관계는 악화일로를 걸었다. 박 정권 내내 안보를 지나치게 강조하다 보니 통일논의가 활발하게 이루어지지 못했고 지금도 마찬가지이다.

정부의 통일정책을 반영한 통일교육도 상대적으로 위축되고 있다. 우리 사회에는 여전히 냉전적 분위기가 남아있으며 이의 영향으로 통일논의가 활성화되지 못하고 있다. 통일정책은 국내외적 환경을 슬기롭게 활용하여 평화적 통일을 실현하고자 하는 정부의 정책적 노력이다. 통일문제는 남한과 북한이라는 한반도 내부의 문제일 뿐만 아니라 주변 강대국과의 관련성을 가지고 있는 국제적 문제이다.

그렇기 때문에 통일정책은 정부가 교체될 경우에 변화될 수 있으며 국제환경의 변화에 대응하여 바뀔 수 있다. 하지만 통일정책의 기조는 그대로 유지될 필요가 있다.

2) 북한의 통일정책

북한의 통일정책은 분단 이후 지금까지 남한을 공산화하는데 초점을 맞추고 있다. 북한은 한반도가 외세에 의해 분단되었다는 점을 강조하면서 남북한이 주체적으로 통일을 달성해야 한다고 주장하고 있다.

1948년 정부수립 이후 1970년대 초반까지 북한은 남한보다 우월한 힘을 바탕으로 무력적인 공산화통일을 주장하는 한편, 고려연방제방안을 제안했다. 고려연방제는 고려연방공화국이라는 단일국가를 건설하고 그 국가 안에 연방제를 실시한다는 것이다.

1970년대 중반 이후 남한의 국력이 북한을 압도하게 되자 북한은 이전에 제시했던 과도적 형태인 고려연방제방안을 수정하여 고려민주연방공화국 창립방안을 발표했다.

1990년을 전후해 소련과 동유럽사회주의체제가 몰락했다. 체제유지에 불안감을 가지고 있던 북한은 남북공존을 모색했다. 북한은 내부적으로는 무력통일을 생각하고 있었겠지만, 공식적으로는 남북공존을 염두에 둔 통일방안을 주장했다. 국제환경의 변화와 남북한 간 국력격차의 확대로 북한은 1991년에 1민족 1국가 2제도 2정부에 기초한 연방제 통일방안을 제시했다.

그 후 북한은 2000년 6.15남북공동선언을 통해 낮은 단계의 연방제를 주장했다. 낮은 단계의 연방제는 1민족 1국가 2제도 2정부의 원칙에 기초하되, 남북한 정부가 정치, 군사, 외교권을 포함한 현재의 기능과 권한을 그대로 유지한 채 그 위에 민족통일기구를 구성하자는 것이다. 북한은 이 연방제를 통해 남북한 통일방안의 공통점을 찾고, 그 공통점을 적극적으로 활용해 통일을 지향해 나가기로 했음을 밝히고 있다.[26]

김정일의 뒤를 이은 김정은정권은 조국통일 3대원칙인 자주·평화·민족대단결 원칙을 계승하고 있다. 고려민주연방공화국 창립방안을 통일전략으로 삼아 북한식 통일을 추구하고 있다.

6. 국제질서와 주변 강국의 한반도정책

2017년 1월 미국 트럼프정부의 출범은 기존 국제질서를 크게 변화시키는 계기가 될 것 같다. 아직 출범한 지 얼마되지 않아 미국의 기본노선과 대외정책이 어떻게 달라질지 가늠하기 어렵다. 하지만 미국 제일주의(America First)를 강조하면서 보호무역주의 노선으로 가고 있는 미국의 대외정책은 현존 국제질서를 요동치게 할 가능성이 크다.

1) 탈냉전시기의 국제질서

최근의 국제질서는 1980년대까지 유지되었던 냉전체제가 끝나면서 형성된 것이다. 냉전구도가 마무리됨에 따라 미 · 소 양극체제가 끝이 났고, 동서진영 간의 대립도 사라졌다. 소련을 포함한 동유럽 사회주의국가가 민주주의와 시장경제를 도입하게 되어 사회주의체제보다 자본주의체제가 우월하다는 것을 보여주었다.

탈냉전시기의 국제질서는 냉전시기의 국제질서와 다른 몇 가지 특징을 가지고 있다.

첫째, 국제사회에서 발생하는 중요 사안에 대해 미국이 세계경찰역할을 수행하고 있다는 점이다. 세계는 더욱 복잡하고 또 다양화되고 있기 때문에 미국이 모든 국제문제에 개입할 수 있는 역량을 가지고 있지 않다. 또 미국중심의 단극체제라고 할 수도 없다. 하지만 국제질서는 미 · 소양극체제가 종식된 후 미국중심으로 움직여 왔다.

둘째, 냉전이 끝난 후에는 유럽보다 아시아 · 태평양지역이 국제정치의 관심지역으로 부상하고 있다. 냉전시기에 존재했던 유럽지역의 동서진영 갈등이 약화된 후 미국의 관심은 때마침 확장일로를 걷고 있는 중국으로 인해 아시아 · 태평양쪽으로 옮겨오게 되었다.

또한 인구강국이라 할 수 있는 인도, 브라질 등이 국제사회에서 이전보다 더 비중있는 국가의 위상을 가짐에 따라 국제질서는 점점 다원화되고 있다.

셋째, 중국의 부상으로 미국중심의 단극체제가 미 · 중 양극체제로 재편되고 있다. 미국이 국제사회에서 중심역할을 하고 있지만 다원화되고 있는 국제사회에서 미국의 역할은 이전보다 줄어들고 있다. 이와 반대로 중국의 국제사회 내 위상은 점점 확대되고 있고 중국의 영향력은 증대하고 있다. 얼마 전부터 중국은 세계 두번째 위상을 갖고 있던 일본을 제치고 미국 다음의 위치를 차지하여 미 · 중 양극화 틀이 형성되고 있다.

넷째, 냉전시기에는 국가가 국제질서의 주요 행위자였지만, 탈냉전시기에는 국가뿐만 아니라 비국가행위자가 국제문제의 행위자로 등장하고 있다. 또한 냉전시기에 이념이나 체제 등 정치적 요인이 갈등의 불씨가 되었다면, 탈냉전시기에는 경제, 인종, 종교, 자원 등 다양한 요인이 국제문제의 갈등요소가 되고 있다.[27)]

다섯째, 북핵문제로 인해 한반도를 둘러싼 동북아시아 지역이 국제문제의 관심사로 떠오르고 있다. 이에 따라 '한 · 미 · 일 대 북 · 중 · 러'라는 새로운 삼각축 형성이 가시화되고 있다. 냉전이 종식된 국제질서와는 달리, 한반도를 비롯한 동북아지역은 냉전적 흐름이 여전히 남아있다.

미국은 중국의 한반도로의 영향력 확대를 억제하기 위해 일본의 재무장을 부추기고 있다. 그래서 한일 간에 과거사문제와 위안부문제로 갈등이 깊어지는 것을 원치 않는 미국은 양국에게 타협과 화해를 종용하고 있다.

한편, 중국은 북한 핵실험을 반대하면서도 한반도에 대한 미국의 영향력 확대를 약화시키기 위해 북한을 팽개치지 못하고 있다. 최근 러시아가 풍부한 자원과 군사력을 바탕으로 국제사회에 영향력을 넓혀가고 있다. 러시아는 중국과의 관계를 강화하면서 미국의 영향력을 견제하고 있다.

이와 같이 최근 국제질서는 냉전시기의 국제질서와는 다른 특징을 가지고 있다. 하지만 지금의 국제질서도 미국의 새 정부 출범으로 어느 정도 변화가 예상된다.

다음으로 한반도를 둘러싼 네 강국의 정책에 대해 살펴보기로 한다.

2) 네 강국의 한반도정책

남한과 북한이 통일에 합의했다고 하여 통일을 이루기는 어려울 것 같다. 독일의 예에서 보듯이, 독일을 둘러싸고 있었던 주변 강대국, 미 · 소 · 영 · 프의 지지와 묵인이 없었더라면 독일통일은 불가능했을 것이라 여겨진다. 물론 2차 세계대전을 일으킨 원죄를 갖고 있었던 독일과, 아무 죄없이 분단된 한반도는 다르다고 하지만 말이다.

남북한 통일도 내부적 합의 못지않게 외부 네 강대국의 지지와 협조를 얻어야 한다. 특히 미국과 중국의 지지와 협력없이는 통일을 이룰 수 없다고 생각한다.

먼저, 미국의 한반도정책을 살펴보기로 하자.

첫째, 가장 중요한 미국의 한반도정책은 북한 핵문제 해결을 위한 것이다. 1993년 북한의 NPT 탈퇴, 그에 따른 북핵위기 등 일련의 과정을 통해 알 수 있듯이 미국은 북한 핵 폐기를 위해 다각적인 노력을 해 왔다. 무력적 방법으로 북한의 숨통을 죄는가 하면, 6자회담과 같은 다자주의방식을 통한 평화적 방법으로 북핵문제를 해결하고자 했다.

오바마정부에 와서 수차례의 북한 핵실험과 미사일 발사가 이어지자 미국정부는 독자적 대북제재와 유엔을 통한 제재를 함께 강화하는 동시에, 대화의 끈을 놓지 않은 전략적 인내(strategic patience)정책을 추진했다. 특히 중국이 유엔의 대북제재조치에 동참하여 오바마정부 시기에 어느 때보다 강력한 대북제재가 이루어졌다.

그런데 중국의 동참으로 유엔제재가 탄력을 받았음에도 북한은 이러한 국제적 제재에 굴복하지 않고 있다. 북한은 아무리 중국이 대북제재에 가담하더라도 국제정치적 역학구도를 고려해 볼 때 북한을 버리지 않을 것이라고 판단하기 때문이다.

둘째, 한미동맹과 미일동맹, 그리고 이를 바탕으로 한 한 · 미 · 일 공조정책을 들 수 있다. 미국은 한반도를 중심으로, 냉전시기에는 소련의 팽창주의정책에 대해, 냉전종식 후에는 중국의 세력확장에 대비해 한미동맹과 미일동맹을 강화해 왔다. 얼마 전부터 북핵문제가 현안사안으로 등장하자 미국은 북핵으로 인한 한반도의 불안상태를 해결하기 위해 다각적인 노력을 기울이고 있다.

미국은 한미동맹이 동북아시아지역의 평화와 안정을 유지시키는 핵심이라는 점을 강조하고 있다. 이와 함께 미국은 중국과 러시아의 영향력을 억제하기 위해 일본의 재무장을 부추기면서 미일동맹을 강화하고 있다.

셋째, 한반도를 비롯한 아시아지역에 개입하는 전략적 재균형전략, 즉 아시아회귀(pivot to Asia)정책을 추진하고 있다. 오바마정부는 이 지역을 미국의 국익을 지키는 핵심지역으로 간주하고 아시아에 대한 개입정책을 시도해 왔다.

이것은 물론 G2로 성장한 중국의 영향력 확대를 약화시키려는 의도가 내포되어 있다. 또한 중국이 국제질서를 이끌어 가는 한 축이라는 점을 중국에게 부각시킴으로써 국제규범을 지키는 책임있는 국가의 역할을 하게 하기 위함이다.

다음으로 중국의 한반도정책을 살펴보자.

첫째, 가장 중요한 중국의 한반도정책은 한반도의 평화와 안정 유지이다. 중국의 경제성장과 사회발전을 위해서는 한반도의 안정이 필수적이며, 북한체제의 불안정은 곧 중국국익을 해치는 것으로 중국은 간주하고 있다. 미국과 일본의 영향력을 견제하는 데 북한의 존재가 여전히 중요하다고 중국은 인식하고 있다.

둘째, 북핵문제 해결정책을 들 수 있다. 중국은 북한의 핵보유를 반대한다. 그래서 미국과 서방세계가 주도하고 있는 북한제재에 협조하고 있다. 하지만 북한 핵보유를 반대하고는 있으나 북한체제가 불안해져 한반도가 혼란해지는 것을 원하지 않는다.

핵실험과 미사일발사 등으로 국제사회의 지탄과 제재를 받고 있는 북한에 대해 중국은 이중적인 입장을 취하고 있다. 이 입장에 대해 다른 해석이 가능하지만, 중국은 이러한 이중적 입장을 자국의 이익을 위한 전략적 수단으로 보고 있다.

셋째, 중국경제의 성장에 따른 한반도 영향력 확대정책이다. 중국은 2010년 무역규모 면에서 세계 2위를 기록했고, 일본을 제치고 세계 2위의 강국으로 등장했다. 또한 중국은 미국에 이어 두 번째로 많은 군사비를 지출하고 있다.

2012년 출범한 중국 시진핑정부는 미국이라는 기존 강대국과, 신흥강대국의 면모를 갖추고 있는 중국과의 협력적 관계정립을 위해 신형대국관계를 강조하고 있다. 신형대국관계는 신형 강대국과 기존 강대국 간의 갈등을 피하기 위해 평등에 기초한 상호 호혜적 관계를 형성함을 의미한다. 이를 통해 중국은 미국과의 마찰을 가급적 줄이면서 한반도에 대한 영향력을 확대해 나가고자 한다.

이어 일본의 한반도정책을 알아보기로 하자.

첫째, 일본의 한반도정책의 핵심은 한반도의 안정을 도모하면서 이 지역에 대한 일본의 영향력을 확대해 나가는 것이다. 중국과 마찬가지로 일본은 한반도의 안보불안 증대가 일본의 국익에 도움이 되지 않는다고 판단하고 있다.

북한체제의 와해나 남북 간 군사적 충돌 등은 한반도의 안정을 해치는 것이므로 일본은 원론적으로 이러한 문제가 발생하는 것을 반대하고 있다. 일본은 북한에 자본주의적 요소의 유입을 확대해 개방으로 이끌어 북한이 국제사회의 일원으로 동참하도록 유도하고 있다.

둘째, 한반도의 안정 추구와 함께 일본안보를 지키기 위해 북핵문제를 해결하는 정책을 추진하고 있다. 일본은 탈냉전 흐름에 편승해 북한과의 수교를 추진한 적이 있다.

하지만 지금까지 북한의 일본인 납치문제와 핵문제 등으로 양국의 수교문제가 풀리지 않고 있다. 일본은 북한 핵보유를 일본에 대한 잠재적인 군사위협으로 간주하고, 이를 막기 위해 국제제재에 적극적으로 동참하고 있다.

셋째, 한반도에 영향력을 증대시키는 중국에 대응하는 미일동맹 강화정책을 추진하고 있다. 일본은 미국의 지지 하에 군사대국화를 밀고나가면서 한반도에 대한 영향력을 강화하고 있다.

일본은 한국과 긴밀한 관계를 유지하면서 중국에 대응하는 전략을 추구하고 있다. 하지만 한일 간 과거사문제, 위안부문제, 독도문제 등으로 갈등을 빚고 있다.

마지막으로 러시아의 한반도정책을 검토해 보자.

첫째, 한반도에 대한 영향력을 강화하는 정책을 추진하고 있다. 냉전종식과 함께 소련을 계승한 러시아는 과거 소련보다 국제적 위상이 낮아졌다. 이전의 화려했던 영향력을 부활시키기 위해 러시아는 동북아지역의 국가들과 경제분야를 중심으로 협력하고 있다. 이를 통해 이 지역뿐만 아니라 한반도에 대한 영향력을 확대하고자 한다.

둘째, 한반도의 평화와 안정, 북한에 대한 영향력 복원, 남한과의 경제협력 등의 정책을 시행하고 있다. 러시아는 자국의 경제발전을 위해 남북대화를 통한 한반도 안정을 원하고 있다.

러시아는 남한의 자본을 활용해 남한–북한–러시아를 연결하는 나진–하산 개발프로젝트를 가동시켜 한반도와 유라시아의 발전에 기여하고자 한다. 북한 핵문제로 이 프로젝트가 중단되었지만 러시아는 남북관계가 개선되면 남한과 북한을 아우르는 정책을 추진해 자국 이익을 극대화하고자 노력하고 있다.

셋째, 러시아는 북핵 보유를 반대하면서도 과거의 전통적 영향력을 복원하기 위해 북·러관계를 정상화하고 이와 함께 남북한

균형정책을 추진하고자 한다.[28] 푸틴정부는 한반도의 비핵화를 주장하고 6자회담을 통한 북핵문제 해결 등을 지지하고 있다.

이러한 방식을 통해 러시아의 한반도에 대한 전략적 가치를 높이려고 노력하고 있다. 또한 러시아는 한국과 일본과의 경제협력을 추진하면서도 자국의 이익에 입각하여 사안에 따라 전략적으로 대응하고 있다.

7. 분단국의 통일사례: 독일, 베트남, 예멘

제2차 세계대전 후, 분단국으로 존재해 왔던 독일, 베트남, 예멘이 각각 통일을 이루었다. 이들 국가들이 처한 상황과 통일방식은 달랐지만 세 국가의 통일은 남북통일을 추진하고 있는 우리에게 여러 가지 시사점을 제공하고 있다.

1) 독일의 통일사례

2차 대전의 주범이었던 독일이 패전한 후 미 · 소 · 영 · 프 네 국가는 독일을 분단시켰다. 이들 연합국은 독일 영토를 4개 지역으로 분할함과 동시에 당시 수도였던 베를린을 미 · 영 · 프 지배의 서베를린과 소련지배의 동베를린으로 분할하였다.

1, 2차 세계대전을 일으킨 독일의 국력을 약화시켜 더 이상 세계평화를 위협하는 국가가 되지 않도록 하기 위해서였다. 독일은

자본주의이념을 기본으로 하는 서독과 사회주의이념을 기반으로 하는 동독으로 나누어졌다.

독일은 국제질서의 변화를 절묘하게 활용해 통일을 이룰 수 있었다. 독일은 2차 대전을 일으킨 전범국이었기 때문에 당시 독일을 점령했던 미국, 소련, 영국, 프랑스가 통일을 반대했다. 하지만 서독은 막강한 국력을 바탕으로 이들 국가의 반대를 찬성으로 돌릴 수 있었다. 북대서양조약기구와 같은 집단안전보장체제를 활용해 다른 국가들의 안보불안을 줄일 수 있다는 논리를 펴는 등 통일을 위한 지속적인 노력을 해 왔다.

물론 동서독 간 꾸준한 교류와 협력이 통일을 가져오게 한 가장 중요한 요인이라 할 수 있다. 서독은 1969년 동방정책을 통해 동독과의 교류와 협력을 강화해 나갔다. 1972년 동서독기본조약을 체결해 경제, 사회, 문화, 예술, 스포츠, 학술 등 다양한 분야의 교류를 확대해 나갔다.

이러한 교류와 협력을 통해 동서독주민 간 이해의 폭을 넓혀나갔다. 특히 동독주민의 80% 이상이 서독 TV를 볼 수 있었다는 점이 중요하게 작용했다. 이러한 매체를 통해 동독주민은 서독이 자기들보다 더 나은 생활수준을 향유하고 있다는 점을 확인할 수 있었다. 통일의 분위기가 무르익었을 때 동독주민은 자발적으로 서독을 선택하게 된 것이다.

하지만 동서독 간 교류와 협력이 오랜 기간 지속적으로 이루어졌음에도, 통일이 갑자기 이루어졌기 때문에 체계적인 준비가 부족했다. 그래서 통일 후 동독재산권 문제, 동독재건비용, 동서독 주민 간 갈등 등 여러 가지 문제가 발생했다.

통일이 되면 이전보다 훨씬 풍족한 생활을 할 수 있다고 여겼던 동독주민은 기대에 미치지 못하는 현실에 대해 불만을 가졌다. 한편, 천문학적인 통일비용을 부담해야 했던 서독주민은 세금부담 증가, 물가상승 등 부담만 커졌지 자신들에게 돌아오는 이익이 별로 없다는 것에 대해 불만을 나타냈다.

또한 사회적 · 심리적 차원에서도 상당한 갈등이 존재했다. 서독인은 동독인을 게으른 사람을 의미하는 오시(Ossi)라고 비하했다. 동독인이 서독인을 거만한 사람을 뜻하는 베시(Wessi)라고 경멸하는 상황이 지금도 일부 남아있다고 한다.[29)]

통독 26년이 되는 이 시점에서 독일의 통일을 평가해 본다면, 통일이 더 강하고 풍요로운 국가를 만드는데 도움이 되었다고 할 수 있다. 베트남이나 예멘보다 독일이 통일의 시너지효과를 가장 크게 누리고 있다. 지금도 유럽연합에서 가장 강한 국가의 위상을 유지하고 있다.

독일통일을 통해 얻을 수 있는 시사점[30)]은 다음과 같다.

첫째로, 교류와 협력이 중요하다. 1970년 첫 동서독 정상회담을 시작으로 7차에 걸친 정상회담이 있었다. 이와 함께 동서독 주민들이 지속적인 교류와 협력을 가졌다. 남북관계에서도 양국 주민들이 서로 교류하고 협력하는 기회가 확대되어야 한다. 이를 위해서 남북관계의 개선이 중요하다.

둘째로, 동서독의 경우와 마찬가지로, 가능하다면 상호 교류와 협력을 통해 경제적 차이를 줄이는 노력이 필요하다. 지금 남북한 간 경제력 차이가 적어도 25배가 넘는다. 경제력 차이가 클수록 더 많은 통일비용을 부담해야 한다. 따라서 남한은 북한이 경제적 자생력을 갖도록 도와줄 필요가 있다.

셋째로, 주변 강대국들이 통일에 대한 거부감을 갖지 않도록 노력해야 한다. 이들이 남북통일을 지지하지는 않더라도 반대는 하지 않게끔 우리의 외교력을 더욱 강화할 필요가 있다.

2) 베트남의 통일사례

19세기 말경부터 프랑스의 식민지였던 베트남은 2차 대전 시기 중 잠시 일본의 지배를 받았다. 1945년 일본의 항복으로 베트남은 다시 프랑스의 식민지가 되었다. 프랑스의 지배에 반대한 민족주의자이자 공산주의자였던 호치민이 하노이에서 베트남민주공화국을 결성해 독립투쟁을 전개했다. 베트남은 프랑스와의 전쟁에서 승리했으나 이 승리는 곧바로 베트남의 분단으로 이어져 버렸다.

1954년 체결된 제네바협정에 따라 북위 17도선을 기준으로 북쪽의 베트남민주공화국과 남쪽의 베트남공화국으로 나누어졌다. 이 협정에 따르면, 이 두 정부가 일정 기간이 지난 후 총선거를 거쳐 통일정부를 수립하기로 되어 있었다.

그런데 남베트남과 남베트남의 후견자 격이었던 미국이 총선거 실시를 거부했다. 당시 남북베트남 총선거를 실시할 경우 북베트남의 호치민이 지도자로 선출되어 베트남이 공산화될 가능성이 높았기 때문이다.

프랑스의 뒤를 이어 남베트남을 지원한 미국과 북베트남이 전쟁을 치렀다. 미국의 참전으로 미국과 남베트남의 승리를 예상했으나 결과는 정반대였다. 세계 최강의 군사력과 경제력을 가진 미국의 지원을 받은 남베트남과 비교조차 할 수 없을 정도의 열악한 군사력과 경제력을 가진 북베트남 사이의 전쟁에서 미국과 남베트남이 패배했다.

남베트남의 패배는 무력과 경제력이 아닌 다른 요인이 작용했다고 할 수밖에 없다. 그것은 한마디로 남베트남정부가 국민의 지지를 받지 못했기 때문이었다고 할 수 있다.

결국 1973년 파리조약을 통해 미국이 철수한 후, 1975년 북베트남의 호치민이 베트남을 통일했다. 자유민주체제였던 남베트남이 공산주의체제였던 북베트남에 의해 무력으로 통합되었다.

베트남의 무력통일에는 외세에 반대한 민족저항운동, 남베트남정부의 부정부패와 무능 그리고 이에 기인한 국민의 민심이반 등이 주요 원인으로 작용했다.

통일 후 베트남정부는 남베트남지역에 대해 계획경제를 바탕으로 한 급진적 사회주의정책을 시행했다. 전쟁의 후유증을 극복하고 민생의 안정을 위해 하루빨리 경제를 성장시키려고 추진했던 사회주의 경제정책이 기대한 만큼 성과를 얻지 못했다. 여러 시행착오를 겪던 베트남정부는 1986년 보다 과감한 경제정책, 즉 '도이 모이정책'이라는 개혁 · 개방정책을 도입해 경제를 살리고자 했다.[31)]

이 경제정책은 계획경제를 기본으로 하면서도 시장경제적 요소를 도입해 경제를 발전시킨다는 것이었다. 베트남에 경제특구를 만들어 외국자본이 쉽게 투자할 수 있게 했고, 외국자본을 이용해 공장을 건설하게 했다.

공산화통일을 두려워하여 베트남을 탈출한 해외교포가 안전하게 투자할 수 있는 장치를 마련했으며, 미국과의 적대관계를 청산하고 외교관계를 수립했다. 한국과도 외교관계를 맺어 상호경제발전을 위한 다각적 정책을 추진하고자 했다.

3) 예멘의 통일사례

예멘은 1517년 오스만터키의 침략을 받은 후 터키의 식민지가 되었다. 1914년 터키와 영국 간 전쟁으로 예멘은 남북지역으로 분단되었다. 터키가 지배하던 북예멘은 1918년 독립을 성취했고 터키의 영향을 받아 이슬람국가로 독립했다.

영국의 지배를 받던 남예멘은 1967년 사회주의체제를 가진 국가로 독립했다. 북예멘은 이슬람교를 바탕으로 한 자본주의체제를 채택했으며, 남예멘은 사회주의이념을 기본으로 한 사회주의체제를 선택했다.

통일되기 전 남북예멘은 서로 자기방식의 통일을 시도하면서 잦은 국경충돌을 겪었다. 양국은 서로 정통성있는 국가라고 주장하면서 자국중심의 통일을 시도했다. 빈번한 무력충돌이 생기자 주위의 아랍권 국가들은 남북예멘의 무력충돌 방지를 위해 양국 간 정상회담 등을 갖도록 중재했다.

같은 민족이 분단된 상태로 무력충돌을 벌이는 것이 소모적임을 인식하게 된 두 예멘은 통일을 위해 정치적 결단을 내렸다. 1989년 성사된 양국 간 정상회담에서 통일헌법안을 마련하고 양국 통일에 합의했다. 남북예멘은 두 국가 간 대등한 권력배분방식을 원칙으로 했다.

예를 들어, 북예멘 출신이 대통령, 국방부장관, 외교부차관을 맡을 경우, 남예멘출신은 부통령, 국방부차관, 외교부장관을 맡는 식으로 합의했다. 이러한 과정을 거쳐 남북예멘은 1990년 통일을 이루었다.

하지만 예멘은 정치적 통일을 달성하는 데는 성공했으나 사회통합을 이루는 데는 실패했다. 대등한 권력배분방식이 이론적으로는 합리적이었다. 하지만 권력행사과정에 권력담당자 간의 의사소통문제가 발생했고 책임소재가 불분명한 때가 많았다. 또한 이러한 방식은 정부기구를 비대하게 만들어 효율성을 낮추는 결과를 가져왔다.

사회통합 차원에서도 문제가 발생했다. 통일 이후 사회통합 기조로 내세운 이슬람 교리에 대해 남북예멘지역 간에 갈등이 드러났다. 이슬람교를 믿는 북예멘국민은 이슬람율법을 충실히 따랐다. 하지만 남예멘국민은 이슬람율법의 비합리성과 지나친 엄격성에 반발했다. 예를 들어, 일부다처제, 여성의 사회활동, 음주허용 등 다양한 사회적 이슈에 갈등이 나타났다.

정부기구의 확대와 해외에서 귀국한 근로자 증가로 통일예멘의 수도로 지정된 사나지역에 인구가 급증했다. 이로 인해 주거문제가 심각해졌고 식수와 전력공급에도 문제가 발생했다.

이에 따라 주민 간에 불신과 갈등이 확산되자 반정부시위, 노동자파업, 주민폭동 등이 점점 늘어났다. 남북예멘 정치인은 자신의 정치세력을 과시하기 위해 이러한 갈등을 외면하거나 부추기는 현상이 발생했다.

1994년 남북지역 예멘주민 간 갈등과 대립이 심각해졌다. 양측 지도자가 모여 위기를 해소하기 위한 협정을 맺었다. 하지만 양측 간 무력충돌이 발생해 버렸고 이 충돌이 내전으로 이어졌다. 내전의 결과 군사력과 경제력이 우세했던 북예멘이 승리해 무력에 의한 재통일이 이루어졌다.

예멘의 통일사례에서 얻을 수 있는 시사점[32]은 다음과 같다. 첫째, 두 국가가 서로 양보하면서 권력배분에 합의했다는 점이다. 국력의 차이가 있었음에도 남북예멘은 상호협의를 통해 권력을 적절히 배분해 통일을 달성할 수 있었다.

둘째, 정치적 통일도 중요하지만 이에 못지않게 중요한 것은 사회통합이라는 점을 잘 보여주고 있다. 양 국가의 정치지도자가 합의해 통일을 이루었다고 하더라도 사회전반의 통합수준이 낮으면 결국 갈등과 분열이 생겨 국가를 위태롭게 한다는 점을 잘 나타내주고 있다.

지금까지 독일, 베트남, 그리고 예멘의 통일사례를 검토해 보았다. 이 논의를 통해 우리가 얻을 수 있는 시사점은 다음과 같다.

첫째, 통일은 충분한 준비를 한 후 이루어져야 한다. 사실 '충분한'이란 의미는 가능한 한 철저한 준비를 말하는 것이다. 현실적으로 통일을 위한 완벽한 준비는 불가능하다. 그럼에도 감정에 이끌린 성급한 통일은 남북한 모두를 어렵고 힘들게 만들 가능성이 크다.

70년 이상 분단이 지속되고 있는 남북의 상황을 고려해 볼 때 점점 분단이 고착화되고 있다고 여겨진다. 그럼에도 통일을 위한 초석을 하나 둘 다져나간다면 우리가 원하는 통일을 이룰 수 있을 것이다.

둘째, 통일은 평화적으로 이루어져야 하다. 평화적 통일을 달성한 독일의 경우에도 엄청난 통일비용으로 상당한 어려움을 겪었다. 무력적 방식으로 통일된 베트남의 경우에는 전쟁에 따른 인명피해로 인해 남북베트남주민 간의 갈등이 사회통합을 더디게 했다.

또한 베트남 지역 전체가 전쟁으로 황폐화되었고 재산 피해도 엄청났다. 무력적 방식으로 통일을 할 바에야 통일을 하지 않는 것이 더 낫다는 생각을 할 정도였다.

셋째, 가능한 한 국민적 합의를 바탕으로 한 통일이 이루어져야 한다. 모든 사람이 같은 생각을 가질 수 없고, 또 동일한 사고를 하는 것은 정상이 아니다. 남북통일이 우리의 염원이라고 해서 통일에 찬성해야 하고, 남북이 원래 하나였기 때문에 무조건 빨리 통일해야 한다는 등 획일적 사고를 강요하는 것은 잘못이다.

국민적 합의는 합리적인 논의를 거쳐 결정되는 다수 국민의 생각이다. 통일은 가능한 한 국민적 합의를 기초로 해 추진될 필요가 있다. 정부의 통일정책을 입안 · 추진할 때도 이러한 점을 고려해야 실질적인 효과를 거둘 수 있다.

넷째, 주변 네 강국과의 협력관계를 확대시켜 나가야 한다. 한반도 통일은 주변 강대국의 국익과도 밀접한 관련을 갖고 있기 때문에 남북 간 합의만으로 이루어지기 어렵다. 독일이 통일되기 전에 미국과 소련을 비롯해 주변 강국이었던 영국과 프랑스의 통일 반대 입장을 지지 쪽으로 돌리기 위해 엄청난 노력을 기울였다.

독일통일이 주변국에 손해를 끼치고 안보를 위협하는 것이 아니라 유럽전체의 이익에 부합하고 안보에 도움이 된다는 점을 끊임없이 강조했기 때문에 이루어질 수 있었다. 남한은 주변 4강이 한반도 통일을 지지하도록 만들기 위해 어떠한 준비와 노력을 해왔는지 의구심이 든다.

다섯째, 북한주민 다수가 남한을 지지할 수 있도록 노력해야 한다. 독일통일과정에서 동독주민이 서독을 선택했기 때문에 통일이 이루어졌다. 1990년 3월 동독 총선거에서 동독주민은 신속한 통일을 선거공약으로 제시했던 독일연합정당을 선택했다. 동독주민이 서독과의 통일을 지지했기 때문에 통일이 달성되었다고 할 수 있다.

2016년 1월 남북의 마지막 연결고리였던 개성공단마저 폐쇄되어 버렸다. 언젠가 통일시점이 될 때 개성공단에서 근무하던 북한 근로자들이 통일 대상국으로 남한을 선택할 것인지 궁금하다.

8. 통일교육의 변천과정과 개선방안

필자는 통일의 첫 조건은 국민들이 통일에 대해 지속적으로 관심을 가지고 남북교류와 협력을 통해 함께 노력하는 것이라 생각한다. 정부는 통일에 대한 국민의 관심을 끌기 위해 일회성이나 단발성 위주의 행사를 많이 가졌다. 또한 학교를 비롯한 여러 교육기관이 통일과 관련한 교육을 오랫동안 실시해 왔다. 그런데 그러한 행사나 통일관련 교육이 끝나버리면 국민은 다시 통일문제에 무관심해지곤 했다.

이와 같은 상황이 계속되는 한 통일은 어렵다고 생각한다. 물론 이러한 행사가 전혀 의미가 없는 것은 아니다. 하지만 지속적으로 통일에 관심을 갖도록 하는 방안이 추진되어야 한다.

여기에서는 학교통일교육(이하 통일교육)에 초점을 맞추어, 지금까지의 통일교육 변천과정과 통일교육의 문제점을 검토해 본 후,

통일교육의 개선방안을 찾아보기로 한다.

1) 통일교육의 변천과정[33)]

통일이라는 말의 의미는 시대적 변화에 따라 조금씩 다르게 해석되어 왔다. 해방직후에는 통일이 외세로부터의 해방이라는 의미가 강조되었다. 1970년대에는 남북한 간 체제경쟁에서 이겨야 한다는 점이 핵심 내용이었다. 1990년대 초반에 들어서면서부터 통일은 남북한 간 화해와 협력을 통한 민족통합의 의미를 강조하는 쪽으로 바뀌었다.

이러한 시대적 흐름에 맞추어 통일교육의 명칭과 내용이 변화되었다. 통일교육의 시기를 크게 반공교육 시기, 통일안보교육 시기, 그리고 통일교육 시기로 나누어 살펴보기로 한다.

가) 반공교육 시기(분단 ~ 1987년)

이 시기의 통일교육은 남북한 통일을 지향하기보다 북한보다 남한이 어느 모로 보나 우월하다는 점을 드러내기 위한 체제경쟁 중심 교육이었다. 이 시기 약 30년 동안의 통일교육을 세 부분으로 나눌 수 있는데, 먼저 1950~1960년대 초의 반공교육, 1960년대 초~1970년대의 승공교육, 그리고 1980년대의 이데올로기 비판교육이 그것이다.

1950~1960년대 초의 반공교육은 북한 공산정권과의 전쟁에서 이길 수 있는 정신적 자세와 가치관을 갖도록 하는데 중점을 두었

다. 이러한 반공교육은 한국전쟁의 경험을 통해 더욱 강화되었으며, 이 교육은 북한과의 적대감을 더욱 강하게 만들었다. 4.19혁명을 통해 등장한 제2공화국 정부시기에 일부 지식인과 학생의 진보적 통일논의가 활성화되었다.

이러한 진보적 통일주장은 당시 정부의 일방적인 반공주의에 대한 반발이었다고 할 수 있다. 그렇지만 이 시기 남한의 상황과 국제질서 여건이 냉전기조를 강조하는 시기였기 때문에 진보적인 통일문제 논의는 한계를 가질 수밖에 없었다.

1960년대 초~1970년대의 통일교육은 박정희정권이 당시 정치사회적 혼란을 극복하기 위한 방안으로 내 놓은 반공국시의 기조하에 이루어졌다. 4.19혁명과 함께 잠시 활성화되었던 통일논의는 보수적 군사정권의 반공체제 강화중시에 따라 수면 밑으로 내려가 버렸다. 군부정권은 북한과의 경쟁에서 무조건 이겨야 한다는 논리로 체제경쟁을 강화하였다.

수출지향적 경제정책이 서서히 효과를 나타내자 1970년대 초에 들어 남북한 경제가 비슷한 수준이 되었고, 1970년대 중반에 남한경제가 북한경제보다 우위에 서기 시작했다. 남한은 통일논의에 대해 수세적 입장으로부터 탈피하여 자신감을 갖고 국토통일원을 설치하는 등 통일문제를 이끌어가고자 했다.

통일교육은 이제 반공과 경제성장이라는 두 축을 기반으로 공세적인 승공통일교육으로 바뀌었다. 그렇지만 정부차원이 아닌 민간차원의 개방적 통일논의에 대해서는 정부가 강력하게 대응하였다. 남한은 빠른 경제성장 덕으로 자신감을 갖게 되었고 이 자신감을 통해 소극적이었던 대북한 시각으로부터 벗어날 수 있었다.

1980년에 성립된 제5공화국 정부는 정통성과 정당성이 약했다. 이 정부는 경제성장과 안보제일주의를 통치이념으로 삼는 한편, 집권 초기에는 통일문제에 대해 일부 유화적인 정책을 폈다. 하지만 워낙 정통성이 약한 정부이다 보니, 정부비판세력에 대한 정치적 탄압에 안보와 통일을 이용하였다.

이 시기의 통일교육은 국민정신교육이라는 이름으로 실시되었다. 민주주의가 공산주의보다 우월하다는 점을 강조한 이데올로기 비판교육이 주된 내용이었다.

이와 같이 반공교육 시기의 통일교육은 남북관계와 남한 내부의 정치상황 등으로 인해 제한적으로 그리고 정부주도 방식으로 시행되었다.

나) 통일안보교육 시기(1987년 ~ 1992년)

분단 이후 1980년대 중반까지 통일교육은 반공교육 중심으로 시행되어 왔다. 1987년 노태우정부 출범 후 새로운 국민정신교육의 필요성이 대두하였다. 그래서 반공교육이라는 용어를 통일안보교육으로 변경하여 통일교육을 실시하였다. 이렇게 명칭이 변경된 이유는, 반공교육이 가진 이데올로기적 편향성의 부담에서 벗어나고, 북한동포에게 친밀감을 주어 '언젠가는 합쳐야 할 반쪽'이라는 인식을 심어주기 위해서였다.

이 시기 국제적 상황은 크게 변화되었다. 이데올로기적 대립을 바탕으로 한 냉전체제가 종말을 고하고 있었다. 독일통일 이후 동구 공산주의체제가 무너졌다. 그래서 반공논리 · 안보논리의 하위체계에 머물러 있던 통일교육이 민족동질성 회복을 위한 통일안보교육으로 변화하게 되었다.

통일교육의 목표가 민족동질성 회복과 화해 협력, 자유민주적 통일이념 강화 등으로 바뀌었다. 또한 안보문제를 통일교육의 하위개념으로 두기로 했다. 이러한 변화는 국가안보를 너무 강조함으로 인해 빚어졌던 냉전적 남북관계를 완화시키고자 취한 정책적 고려였다.

그 동안 국내에서 안보라는 개념이 지나치게 확대 해석되어 인권과 자유를 억압하는 논리로 작용한 적이 많았다. 그래서 국민들로부터 비판을 받기도 했다. 따라서 통일안보교육에서는 통일문제와 안보문제가 어느 정도 균형적 시각에서 다루어지게 되었다. 우리 국민은 정부의 일방적 통일정책 결정이나 통일논의에서 벗어나, 정부의 통일정책과 민간의 통일논의가 적절히 조화되고 그런 과정에 대안이 마련되는 통일안보교육을 원했다.

물론 북한의 고집스런 냉전위주 입장이 변화하지 않았기 때문에 국가안보에 대한 긴장을 늦출 수 없었다. 그렇지만 통일안보교육 시기에는 통일문제에 대한 접근이 대체로 민족화합과 화해의 입장을 고려해 이루어졌다.

이런 점에서 통일안보교육은 반공교육보다 진일보한 통일교육이라 할 수 있다. 하지만 남한 내에서 민주화가 더디게 전개되었고 또 남북관계에 여전히 냉전적 요소가 강하게 작용하고 있던 상황이라 이러한 통일안보교육이 실질적인 효과를 거두기는 어려웠다.

다) 통일교육 시기(1992년 ~ 현재)

1990년대 들어와 대외적으로 탈냉전흐름이 가속화되고 남북관계도 긴장완화 추세로 돌아섬에 따라 통일교육도 변화를 보이게 되었다. 이 시기부터 통일안보교육이라는 용어를 통일교육이라고 바꾸고, 안보문제를 통일교육의 한 영역으로 편입시켜 사실상 통일교육이 통일 쪽으로 무게중심이 이동하였다.

김영삼정권 시기의 통일교육은 기본적으로 민족통일 지향적 입장을 강조했다. 또한 통일 이후의 민족공동체 형성에 대비하는 방향으로 변화를 모색하였다. 그렇지만 당시 정부의 보수적 성향과, 진보세력 대 보수세력 간의 시각차 등으로 인해 통일교육이 의도했던 만큼 활성화되지는 못했다.

김대중정권 시기에 실시된 통일교육은 이전 정권보다 더 적극적으로 남북화해와 협력을 강조하였다. 2000년에 성사되었던 남북정상회담으로 남북관계를 이전과는 다르게 변화시킬 수 있는 계기가 만들어졌다. 상호적대감, 대립, 응징 등이 이전 남북관계의 특징이었다. 이 정상회담을 계기로 남북관계가 화해와 협력 그리고 평화공존 관계로 바뀔 수 있게 된 것이다.

김대중정권의 대북기조를 계승한 노무현정권은 한반도 내 평화정착과 민족공동체의식 장려 등을 통일교육의 목표로 삼았다. 2007년에 이루어진 두 번째 남북정상회담을 계기로 화해와 협력을 통해 평화통일의 초석을 놓고자 했다.

이어 출범한 이명박정권은 이전의 남북관계에 문제가 있음을 지적하면서 정상적 남북관계 및 실질적 협력관계로 나아가야 한다고 주장했다. 이를 위해 상생공영정책을 마련하였고, 이 정책에 의거해 통일교육이 실시되었다.

하지만 북한의 핵실험, 천안함 피격, 연평도 포격 등으로 정부는 개성공단사업을 제외한 모든 남북교류협력을 중단한다는 5.24 조치를 단행했다. 이후 남북 간 대립의 격화로 화해와 협력을 표방한 통일교육이 효과적으로 실시되지 못했다.

이명박정권의 대북입장을 이어받은 박근혜정권은 한반도 신뢰프로세스라는 이름의 통일정책을 추진했다. 신뢰형성을 남북관계의 핵심 사안으로 보고 상호신뢰 기반을 구축하려고 했으나 남북관계는 더욱 악화되고 있다.

2016년 초 박근혜정권이 북한 핵실험과 미사일 발사 등을 이유로 개성공단을 폐쇄시켰다. 이 조치로 인해 남북관계는 최악의 상황으로 치닫고 있다. 이로서 한반도 신뢰프로세스라는 통일정책은 사실상 중단되어 버렸고, 통일교육은 정체상태에 머물러 있다.

위에서 통일교육의 변천과정을 크게 세 시기로 나누어 살펴보았다. 그런데 시기별로 이루어진 통일교육을 현재의 시각에서 일방적으로 비판하는 것은 문제가 있다고 생각된다. 각 시기별로 그 당시의 상황을 일부 언급했지만, 그 시기 시기마다 행해진 통일교육은 당시의 국내외적 상황 때문에 나름의 한계를 가지고 있었다고 생각한다.

그렇다고 권위주의정부가 자신의 권력유지와 강화를 위해 통일교육을 이용한 것이나 학생들에게 때때로 북한에 대해 편향된 시각을 갖게 한 통일교육이 정당화되는 것은 아니다. 당시 상황이 그렇다 하더라도 긴 안목을 가지고 통일교육이 일관성 있게 추진되어 왔다면 보다 나은 교육적 효과를 기대할 수 있었을 것이라 생각한다.

2) 통일교육의 문제점

2000년과 2007년 김대중, 노무현 두 대통령의 북한방문과 남북정상회담은 우리 국민에게 머지않아 통일을 이룰 수 있겠다는 희망을 안겨주었다. 이 시기, 통일에 대한 국민의 관심과 열기가 엄청나게 높아졌다. 금강산관광과 개성관광을 통해 남한 국민은 거의 매일 수백 명씩 북한지역을 방문했다. 남북한 간에 막혀있던 벽이 조금씩 얇아져 벽을 헤치고 남북 주민이 손을 맞잡을 수 있을 것 같았다.

2006년 노무현정권 시기에 북한의 핵실험으로 남북관계가 긴장국면으로 바뀐 적이 있었으나 금강산과 개성관광에는 별다른 영향이 없었다. 최초의 남북합작 사업이었던 개성공단도 그대로 가동되었다. 통일의 발판이 탄탄하게 놓여지기 시작했다.

그런데 이명박정권이 들어선 후 비교적 자유롭던 통일논의가 위축되기 시작했다. 통일논의는 우리의 일상생활 뒤편으로 밀려났고, 통일에 대한 관심도 줄어들었다. 이명박정권은 이전 정권의 화해협력 기조를 약화시키고 흡수통일을 염두에 둔 엄격한 상호주의 기조의 통일정책을 추진했기 때문이다.

2013년에 출범한 박근혜정권은 이명박정권의 통일정책을 사실상 그대로 이어받았다. 당연히 우리사회 내 통일논의가 활성화되지 못하고 한계를 가질 수밖에 없게 되었다. 지금도 마찬가지이다.

최근 통일에 대한 관심이 줄어든 원인을 구체적으로 찾아보기로 하자. 통일정책의 변화, 급속한 정보사회화, 일자리 문제, 개인주의적 삶 추구, 통일교육 등 여러 가지를 들 수 있을 것이다.

이들 가운데 중요한 것 하나를 선택한다면 지금까지 시행되어오고 있는 통일교육을 들 수 있을 것 같다. 통일교육은 통일과정에서 나타나는 문제나 갈등을 줄여 통일을 효과적으로 달성하도록 준비하는 교육이다. 그런데 지금까지 실시되고 있는 통일교육이 과연 통일을 달성하는데 유용하고 또 통일을 준비하는데 필요한 것인지 일말의 의구심이 들기도 한다.

2014년 말 발간된 졸저 『통일과 북한으로의 산책』에서 필자는 통일교육의 문제점을 지적한 바가 있다. 그런데 2년 전이나 지금이나 통일교육에서 달라진 부분을 찾기가 어렵다. 최근까지 시행되어오고 있는 통일교육에 어떤 문제점이 있는지 다시 한번 정리

해 보기로 하자.[34)]

첫째, 통일교육에 대한 학생들의 관심과 흥미가 이전에 비해 더 줄어든 것 같다. 통일의 상대인 남북 간에 지금처럼 접촉과 대화가 전무한 상황에서 통일관련 수업을 하고 통일을 위해 함께 노력하자고 가르칠 때 과연 학생들의 호응을 얻을 수 있을까. 남북이 통일이라는 공동의 목표를 위해 한발 한발 협력해 나가는 것을 보여줄 때 통일교육의 효과가 증대될 수 있다.

둘째, 통일로 나아가기 위해서는 남북한 간 존중, 믿음, 협력 등 우호적인 면들을 많이 공유해야 한다. 그런데 남북관계에서 북한을 협력의 대상보다 우리 안보를 위협하는 경계의 대상으로 인식하는 측면이 자주 나타나고 있다.

우리는 안보를 당연히 중시해야 하고 또 지켜야 한다. 동시에 북한과의 대화와 협력도 중시해야 한다. 북한체제의 부정적 측면과 긍정적 측면을 균형있게 다루는 교육이 필요하다.

셋째, 통일교육 방식에 문제가 있다. 최근에 와서 통일교육이 체험학습이나 북한이탈주민을 활용한 수업 등 학생들과 교감할 수 있는 여러 방법을 통해 이루어지고 있다. 하지만 통일관련 내용 축소나 통일교육 수업시간 감축 등으로 통일교육 실시 때 암기식이나 강의식을 벗어나지 못하는 사례가 여전히 남아있다.

넷째, 통일관련 내용을 자유롭게 토론할 수 있는 사회 분위기가 조성되어 있지 않다. 지금의 사회 분위기를 고려해 볼 때 통일교육 담당자가 학생들과 남북관계, 통일문제 등에 대해 자유롭게 얘기하기 어렵다. 통일교육 담당자는 자신의 얘기가 사회의 이념적 잣대에 의해 곤혹스런 상황에 처해지는 것을 원치 않는다. 자신의 발언이 사회적 파장을 불러일으키는 것을 걱정하고 있다.

다섯째, 북한의 상황을 제대로 알기 어렵다는 데 문제가 있다. 통일부를 비롯해 통일과 북한문제를 다루는 기관이나 연구소의 연구물 등을 통해 북한이 어떠한 국가인지를 어느 정도 알 수 있다. 또한 남한에 정착한 3만 명 정도의 북한이탈주민을 통해서도 북한의 실상을 들을 수 있다.

하지만 북한의 상황을 제대로 알기에는 여전히 한계가 있다. 오랜 기간 통일교육을 담당하고 있는 필자도 북한을 제대로 알지 못하고 있다. 남녀가 결혼하려면 상대와 대화하면서 그가 어떤 사람인지 알아야 한다. 그래야 결혼이 이루어질 수 있다. 남북관계도 마찬가지이다. 통일의 디딤돌을 놓기 위해서는 쌍방이 서로 접촉하고 대화하면서 이해의 정도를 높일 필요가 있다. 그런데 아무런 접촉이 없는 상황에서 북한을 어떻게 이해할 수 있으며, 어떻게 신뢰를 쌓아갈 수 있을지 의구심이 든다.

여섯째, 남한의 시각을 너무 강조하는 측면이 있다. 통일은 남북한이 협력해야 달성할 수 있다. 경제력이나 국제적 위상 등 여러 가지 요소를 고려해 볼 때 통일은 남한이 주도가 되어 이루어지는 것이 바람직하다.

하지만 남북한이 서로 양보, 타협, 협력하지 않으면 통일은 어렵다. 그렇다면 쌍방이 가지고 있는 장단점을 검토해 설득하고 양보하고 타협하는 긴 작업이 필요하다. 남한의 입장만을 지나치게 강조하는 통일교육은 바뀔 필요가 있다.

위에서 통일교육의 문제점을 살펴보았다. 이제는 보다 효과적인 통일교육이 되기 위해 어떤 방안을 강구해야 하는지를 모색해 보기로 한다.

3) 통일교육의 개선 방안[35)]

첫째, 통일교육의 대상이 학생이므로 이들이 어떠한 과정과 방법을 통해 통일관련 정보를 얻는가를 고려해야 한다. 이들은 기성세대와는 달리 주로 SNS를 이용해 원하는 정보를 얻는다. 이러한 흐름에 맞추어 심도있는 컨텐츠를 개발해 학생의 호기심과 흥미를 이끌어내는 통일교육이 이루어질 필요가 있다.

둘째, 경계의 대상과 협력의 대상이라는 이중성을 가진 북한을 균형있게 이해하는 눈을 키우고, 북한사회의 장단점을 이해하는데 도움이 되는 통일교육이 필요하다. 연평도 포격, 천안함 피격 등 북한의 도발에 따른 안보교육은 필요하고 또 당연하다. 하지만 북한에 대한 부정적 측면을 지나치게 강조하는 교육은 지양될 필요가 있다.

통일부는 북한을 통일을 위한 한 축으로 인식하는 반면, 국방부는 안보를 위협하는 한 축으로 인식하는 경향이 있다. 우리가 실질적으로 통일하기를 원한다면 북한에 대한 합리적 이해를 바탕으로 북한은 협력의 대상이라는 점을 가르칠 필요가 있다. 북한과의 소통과 협력없이 남한만의 노력으로 통일은 이루어질 수 없다.

따라서 북한사회에 대한 우리의 균형잡힌 이해와 인식이 필요하며 이를 위한 교육이 요청된다. 남북한 간의 이질감과 적대감을 가능한 한 줄이고 동질감을 넓혀나가는 노력이 필요하다.

셋째, 통일교육 담당자의 주입식교육보다 학생들의 참여로 진행되는 토론식, 체험활동 수업이 늘어날 필요가 있다. 주제탐구학습, 역할놀이, 마인드 맵, 현장견학 등과 같은 방식은 학생들로 하여금 자발적으로 그리고 능동적으로 수업에 참여하게 한다. 통일교육 수업은 주로 도덕교과를 통해 이루어지고 있는데, 그 중요도에 비해 주변적 위치에 놓여있다. 또한 입시의 주요과목인 국, 영, 수보다 소홀히 다루어지고 있다. 가능한 한 도덕수업이 학생중심으로 진행되어야 학생이 통일과 북한관련 사항에 관심을 더 가지게 된다.

이와 함께 지식정보화시대에 걸맞게 공감을 이끌어내는 교과용 콘텐츠 개발이 필요하다. 통일부 통일교육원 홈페이지에 다양한 콘텐츠가 탑재되어 있다. 이와 더불어 시대변화에 맞는 꾸준한 콘텐츠 개발을 통해 재미를 더하는 수업이 되도록 해야 한다. 그렇다고 단순한 흥미위주, 재미위주의 교육으로 끝나버려서는 곤란하다. 재미와 흥미를 통해 의미있는 통일교육이 되도록 노력해야 한다.

넷째, 북한이탈주민을 활용한 교육이 필요하다. 극히 일부 남한사람을 제외하고 북한을 방문한 적이 없다. 그러다 보니 북한이 실제로 어떤 나라인지, 북한사람은 무엇을 하면서 생활하고 있는지를 대다수 남한사람은 잘 모르고 있다.

현재의 여건에서는 북한의 실제상황을 남한국민이 이해하기 어렵다. 그래서 다수 북한이탈주민이 우리 사회에 들어와 있기 때문에 이들을 통일교육에 적극적으로 활용할 필요가 있다. 이들과 함께 북한 노래나 영화 등 문화와 예술분야의 콘텐츠를 적절히 활용한다면 학생들이 통일과 북한에 대해 보다 큰 흥미를 갖게 될 것이다.

다섯째, 통일이야기를 자유롭게 펼칠 수 있는 사회적 분위기 조성이 필요하다. 어느 사회든 진보와 보수, 두 시각이 존재한다. 나의 시각이 다른 사람의 시각과 같을 수도, 다를 수도 있다. 건전한 비판은 얼마든지 가능하지만 비판을 넘어 상대를 비난하거나 무시하면 곤란하다.

우리 사회에는 북한이라는 존재에 대해 첨예한 시각차가 존재한다. 한국전쟁이 끝난 지 60년이 넘었건만 아직도 이 시각차는 줄어든 것 같지 않다. 이런 상황이다 보니 통일교육 담당자는 학생들과 허심탄회하게 통일관련 논의를 하기 어렵다.

여섯째, 통일정책의 일관성 유지가 필요하다. "자유민주적 기본질서에 입각한 평화적 통일정책을 수립한다."는 우리나라 헌법 제4조의 정신에 의거해 정부는 통일정책을 수립한다. 그런데 집권하는 정권의 성격에 따라 통일정책의 방향이 바뀐다면 통일교육 담당자는 혼란에 빠지게 된다.

남북 화해와 협력을 기조로 삼던 정권이 끝나고 새 정권이 출범하자 북한에 대해 강경일변도 기조가 등장하였다. 이렇게 통일정책의 기조가 바뀌면 학교현장에서는 통일교육을 어떤 시각에서 가르쳐야 할지 고민스러워진다. 예를 들어, 초등학교에서 배웠던 시각과 중고등학교에서 배웠던 시각에 큰 차이가 있을 경우 학생들은 상당한 혼란을 느끼게 된다.

이러한 문제는 곧 학생들의 통일교육에 대한 관심과 믿음을 약화시키게 된다. 정권의 성격에 따라 어느 정도의 정책변화는 인정되어야 하지만 통일정책의 기조는 유지되어야 한다.

9. 개성공단의 손익계산서

남북한은 분단 이후 다양한 접촉을 통해 교류를 추진해 왔다. 대부분의 교류가 일회성으로 혹은 두세 번 정도로 이루어져 오다가 중단되었다.

하지만 개성공단사업은 남북한 간의 대립이 격화되고 북핵실험이 있었을 때도 유지되었다. 또한 이 사업은 남북 간 대화와 교류의 끈을 유지해 간다는 점에서 통일한국을 만드는데 중요한 역할을 할 것이라고 생각했다.

여기에서는 10년 남짓 남북교류가 지속되었던 금강산관광사업을 간략히 살펴본 후, 개성공단사업에 대해 검토해 보기로 한다.

금강산관광사업은 1989년 당시 현대의 정주영 명예회장이 북한을 방문해 김일성 주석과 남북공동개발의정서를 체결함으로써 출발하였다. 그 후 우여곡절을 겪은 지 거의 10년 후인 1998년 11월 금강산관광이 시작되었다.

처음에는 남한의 동해항에서 북한의 장전항까지 배를 이용해 금강산관광이 이루어졌다. 그러다가 2003년 9월부터는 비무장지대를 통과하는 육로를 이용한 금강산관광이 개시되었다.

2002년 금강산사업은 주무기업인 현대아산의 재정난으로 중단위기를 맞았으나 다행히 중단되지는 않았다. 2006년 북한의 1차 핵실험으로 다시 중단위기에 처해졌지만 남북 간의 대화로 사업이 그대로 유지되었다. 하지만 2008년 7월 북한군의 총격으로 남한관광객이 사망하자 금강산관광이 중단되었다.

이제 개성공단사업과 관련한 내용에 대해 검토해 보기로 한다.

1) 개성공단사업의 의미와 개성공단 폐쇄

개성공단사업은 2000년 남북 간에 개성공업지구 건설운영에 관한 합의서가 체결되어 시작되었다. 2003년 6월 개성공단이 착공되었고, 2004년 부지조성공사가 시작되었다. 2004년 말 부지조성공사를 하는 과정에 남북 합작의 첫 개성공단 제품이 생산되었다. 2007년 전력, 통신 등 1단계 부지조성공사가 끝났다.

개성공단은 원래 3단계에 걸쳐서 공단 800만평과 배후도시

1,200만평 등 2,000만평으로 구성할 계획이었다. 그런데 2008년 2월 이명박정권 출범 후 이 계획은 중단되어 1단계 공사 수준에 멈춰 있다.

개성공단이 처음 시작될 때는 남북 간 화해협력과 공존공영을 상징하는 호혜적 사업이었다. 남북공생을 위한 새로운 경제협력모델로서, 북한의 사회주의경제체제 변화에 긍정적 영향을 미칠 수 있으리라 기대했다.

개성공단에 입주한 우리 기업은 값싼 임금에다가 같은 언어를 사용하고 또 기술습득 속도가 빠른 양질의 북한 노동자를 고용함으로써 중국이나 베트남에 진출한 다른 기업에 비해 상대적으로 빠른 경제적 안정을 찾을 수 있었다. 개성공단에서 생산된 제품의 가격이 품질에 비해 저렴하게 책정되어 우리나라 전체 시장가격을 낮춤으로써 남한의 소비자에게 이익을 주었다.[36)]

2006년과 2009년의 1,2차 북핵실험, 2008년 북한의 군사분계선 육로통행 제한조치, 2009년 개성공단에 근무하는 남한근로자 억류사건 등 여러 악재로 인해 공단가동 중단 위기가 몇 번이나 찾아왔으나 공단가동이 중단되지는 않았다.

2010년 북한의 연평도 포격사건과 천안함 침몰사건으로 남북 간의 심각한 대립상황이 발생했음에도 개성공단은 계속 가동되었다. 그것은 우리가 통일편익을 얘기할 때처럼, 남한의 기술과 자본 그리고 북한의 노동력을 활용해 공동의 이익을 추구하는 것에 남북한이 합의했고 또 그 열매를 공유하고 있었기 때문이었다.

하지만 남북한 모두에게 신뢰감을 높여주었고 또 공동의 이익을 제공했던 개성공단사업도 파국을 맞게 되었다. 2013년 북한이 3차 핵실험을 시행하자 유엔안전보장이사회는 북한에 대해 제재결의를 단행했다. 이와 함께 한국과 미국은 대규모 한미연합훈련을 실시했다.

그러자 북한은 이에 반발해 2013년 4월 남한 인원의 개성공단입국을 차단하고, 개성공단에서 일하던 북한노동자 전원을 철수시키면서 개성공단 잠정중단을 선언했다. 이러한 상황에 대해 남한은 사태해결을 위해 북한에 대화를 요청했지만 거절당했다. 그러자 남한은 개성공단에 체류하고 있던 남한기업인과 정부관계자 모두를 철수시켰다. 이제 개성공단가동이 중단된 것이다. 이후 남북한은 일곱 차례의 접촉을 통해 개성공단 재가동에 합의함으로서 다시 가동될 수 있었다.[37)]

남북은 '8.14개성공단의 정상화를 위한 합의서'를 통해 개성공단의 운영에 합의했다. 이 합의의 핵심은, 개성공단은 쌍방 간에 어떠한 정치적 상황이 발생하더라도 남측 인원의 안정적 통행, 북측 근로자의 정상 출근, 기업재산의 보호 등 개성공단의 정상적 운영을 보장한다는 것이었다.

하지만 2016년 1월 북한이 4차 핵실험을 하고 장거리 로켓을 발사하자 남한이 먼저 개성공단 폐쇄조치를 내렸다. 그 주된 이유는 개성공단에서 남한이 지불하는 북한 근로자의 월급이 북한의 핵무기와 미사일개발에 이용되는 것을 막는다는 것이었다.

이러한 남한의 폐쇄조치에 반발해 북한은 남쪽 인원을 추방하고 자산을 동결하였으며, 개성공단지역을 군사통제구역으로 지정하였다.

2) 개성공단 폐쇄에 따른 손익계산

2016년 초 남한정부는 개성공단을 폐쇄했다. 개성공단 가동으로 미국달러가 북한정부의 핵개발과 미사일개발 비용으로 들어간다는 것이 가장 큰 폐쇄원인이라고 우리 정부는 밝혔다.

개성공단 폐쇄는 남북한 모두에게 상당한 손해라고 생각한다. 먼저 공단폐쇄로 인한 북한의 손해에 대해 살펴보기로 하자.

첫째, 북한은 개성공단 폐쇄로 매년 최대 1억 달러정도를 벌어들일 수 없게 되었다. 2015년 북한의 교역규모가 약 7조 3천억원[38]인데, 개성공단 근로자 수입은 연간 1억 달러 정도이다. 이 가운데 북한정권으로 들어가는 돈은 전체 근로자수입의 30% 정도라고 한다.

이 돈이 핵과 미사일 개발에 어느 정도 들어가는지 확인할 수는 없다. 어쨌든 북한으로 들어가는 1억 달러를 막으면 북한경제에 일정 부분 타격을 줄 수 있다. 그리고 이 돈이 핵과 미사일 개발에 사용되고 있다고 가정할 때 핵과 미사일개발에 부정적 영향을 미칠 수 있을 것이다.

둘째, 개성공단에서 일하던 약 5만 명의 근로자 일자리가 사라지게 되어 북한은 상당한 손해를 보게 되었다. 근로자 1인당 4명

정도의 가족을 부양하고 있었다면 공단폐쇄로 인해 약 20만 명에 해당하는 북한주민의 생계가 어려워지게 되었다.

셋째, 남북 쌍방에 해당되는 것이지만, 개성공단 폐쇄는 지금까지 존재해 왔던 남북 신뢰가 깨짐으로써 남북대화와 접촉에 걸림돌로 작용할 것이다.

넷째, 북한 근로자의 남한에 대한 호감도가 낮아질 가능성이 크다. 북한주민은 남한과의 통일을 긍정적으로 생각하지 않을 가능성이 있다.

다음으로 남한의 손해에 대해 검토해 보기로 하자.

첫째, 개성공단에 투자한 남한기업의 손해가 막대하다. 2016년 1월 현재, 124개 기업이 개성공단에서 생산활동을 하고 있었다. 그런데 갑작스런 남한정부의 개성공단 폐쇄결정으로 우리 기업들은 투자한 설비, 원자재는 물론 생산해 놓은 완제품조차 가져나올 수 없었다. 이들 기업의 손해는 물론이고 이들과 관련된 협력업체의 추가피해도 상당할 것이다.

둘째, 공단폐쇄로 인해 남북 간 마지막 접촉과 대화의 끈이 끊어져버렸다. 남북은 협력적 대상이 아니라 적대적 대상으로 여기게 되어버렸다.

우리의 통일정책과 통일방안에 따르면 평화적 방법을 통해 통일을 이루어야 한다고 되어 있다. 그런데 통일의 당사자인 남북 간 대화 채널을 완전히 끊어버린 것은 문제가 있다. 당연히 통일의 발판을 놓는데 부정적 효과를 미칠 수밖에 없다.

셋째, 미래 통일을 위해서는 북한주민의 지지를 받아야 한다. 그런데 개성공단 폐쇄로 남한을 지지하는 북한주민이 점점 줄어들 가능성이 있다.

독일통일과정에서 동독주민이 서독과의 통일을 지지하지 않았더라면 독일통일이 순조롭게 이루어지기 어려웠을 것이다. 서독은 동독주민의 지지를 얻기 위해 상호주의원칙을 양보하면서까지 동독에 대한 경제적 지원과 협력을 아끼지 않았다. 남한은 과연 북한주민의 지지를 얻기 위해 무엇을 하고 있는지 걱정스럽다.

넷째, 공단폐쇄로 군사적 긴장이 높아지게 된다. 남북 간 협력관계가 강화되면 신뢰감이 높아지게 됨과 동시에 군사적 긴장이 완화된다. 반면에 쌍방 간 대화와 접촉이 실종되고 비난과 악담이 난무하게 되면 군사적 긴장감이 높아질 수밖에 없다. 또한 북한의 대남도발도 더 빈번해질 가능성이 크다.

다섯째, 북한의 사회주의 경제체제를 점진적으로 변화시킬 수 있는 기회를 없애버렸다. 북한은 경제적 위기를 이겨내고자 장마당을 인정하고 있다. 본능이라고 할 수 있는 사람의 이기심, 그리고 재화의 중요성은 어느 사회에서나 마찬가지이다. 개성공단을 통해 북한사회의 변화를 이끌 수 있었는데, 그 기회를 잃어버렸다.

여섯째, 통일논의가 위축된다. 통일을 위한 다양한 담론이 이루어져야 하는데 남북관계가 악화일로를 걷고 있는 마당에 허심탄회한 통일관련 논의가 이루어지기 어렵다. 물론 통일교육도 활성화될 수 없다.

개성공단사업은 남한의 자본과 기술 그리고 북한의 노동력과 자원을 활용해 남북이 경제적 이익을 얻음과 동시에 공생을 모색할 수 있는 중요한 작업이다. 이를 바탕으로 쌍방 간 신뢰가 쌓여 남북관계가 긍정적 방향으로 바뀌게 된다.

남한이 북한과 아무 관계없이 독자적으로 살 수 있으면 북한에 대해 신경 쓰지 않아도 좋다. 하지만 현실적으로 남한은 북한을 도외시하고 살 수는 없으며, 북한이탈주민을 받아들이지 않을 수 없다.

따라서 개성공단사업은 재개되어야 한다. '8.14 개성공단정상화 합의서'가 이미 무용지물이 되었지만 남북한 쌍방을 위해 개성공단은 다시 가동되어야 한다. 끊어져 헝클어진 실을 원래대로 연결하는 것은 어렵다. 상호 신뢰감이 무너졌기 때문이다.

하지만 남북의 평화를 위해, 나아가 미래 통일을 위해 개성공단사업은 다시 시작될 필요가 있다. 개성공단사업 재개는 차기정부에 맡겨진 중요한 과업의 하나가 될 것이다.

10. 북한이해의 시각과 북한체제의 특징

1) 북한이해의 세 시각

남한에게 북한은 협력의 대상이자 대결의 대상이다. 한국전쟁 이래 지금까지 이러한 북한의 이중성은 그대로 유지되고 있다. 남한정부의 통일정책이나 국내외적 상황에 따라 북한을 협력의 대상에 방점을 찍은 경우가 있었고 그 반대의 경우도 있었다.

하지만 이제 남한은 협력의 대상에 더 비중을 둘 필요가 있다. 그것은 화해와 교류를 통해 안보의 위협을 줄일 수 있고 나아가 우리의 통일방안 기조인 평화적 통일로 한걸음 더 나아갈 수 있기 때문이다. 물론 북한의 핵개발과 무력도발 등을 고려하지 않는 통일지상주의는 경계해야 한다.

이와 같은 북한의 이중성을 고려하면서 우리가 북한을 어떻게 인식해야 하는지 그 시각을 검토해 보기로 한다. 일반적으로 북한이라는 대상을 인식하는 시각은 크게 세 가지[39]로 구분된다. 외재적 접근법, 내재적 접근법 그리고 혼합적 접근법이 그것이다.

먼저 외재적 접근법이다. 이것은 북한을 외부적 · 보편적 시각으로 바라보는 것이다. 여기에서 보편적 시각이 어떤 것이냐에 대한 논란이 있을 수 있겠지만, 이를 세계사적인 대세로 이해하면 될 것이다. 예를 들어, 자본주의적 시장경제와 자유민주주의가 대세라고 할 수 있으므로 이러한 기준을 갖고 북한의 여러 현상을 분석하는 것을 의미한다.

외재적 시각으로 북한을 바라본다면 많은 부분에서 북한사회의 문제점을 발견할 수 있을 것이다. 이러한 기준에 따르면 3대 세습체제, 북한 인권문제, 그리고 허울뿐인 북한식 배급체계 등 수많은 문제가 드러나게 된다.

이 접근방식에 따라 북한을 바라보는 사람은 북한에 대한 남한의 지원을 김정은정권의 배만 채우는 것이라고 생각하기 때문에 반대할 것이다. 따라서 외재적 접근방식으로 북한을 연구 · 분석하는 경우 북한의 단점이나 문제점을 부각시키는 측면이 있다.

다음으로 내재적 접근법이다. 외재적 접근법의 문제점을 보완하기 위한 시각이다. 이것은 북한의 특수한 상황을 고려하면서 북한 내부인의 관점으로 북한을 인식하고자 하는 시각이다. 북한정권은 그 나름의 특수한 상황에서 존재하는 정권이기 때문에 북한의 현실을 고려하면서 북한을 바라보아야 북한을 제대로 이해할 수 있다는 것이다. 3대 세습체제나 북한식 계획경제가 북한의 역사와 상황을 고려한다면 특별한 문제가 없다는 입장이다.

내재적 접근법에 의하면, 북한이기 때문에 3대 세습체제가 가능하고, 북한식 계획경제체제도 문제가 없진 않지만 장점이 많다고 한다. 따라서 내재적 접근방식은 북한의 특수한 현실을 고려하기 때문에 북한사회의 비민주적 · 비정상적 현상을 제대로 비판하기 어렵다. 그래서 이 접근법은 북한체제의 장점을 부각시키는 측면이 있다.

마지막으로 혼합적 접근법이다. 혼합적 접근방법은 외재적 시각과 내재적 시각을 절충한 것이다. 이것은 먼저 북한이라는 대상을 내재적 시각으로 분석한 후, 다음으로 외재적 시각으로 검토해 보는 것이다.

북한주민의 언론자유는 사실상 없다고 할 수 있는데, 이를 혼합적 접근방식으로 풀어보자. 우선, 일인독재체제 유지를 위해서는 북한주민의 언론자유를 제한하더라도 이를 북한의 특수한 상황 때문이라고 인식한다. 다음으로, 보편적 시각으로 볼 때 언론자유의 실종은 심각한 문제라고 지적한다.

혼합적 접근방법은 위의 두 접근방식을 절충해 북한이라는 대상을 연구 · 분석하고자 한다. 하지만 이 방식은 북한의 특수한 상황을 어느 정도 고려해야 할지 기준이 명확하지 않고 또 어느 수준까지 보편적 기준을 적용시켜야 할지 모호하다는 단점이 있다.

2) 북한체제의 특징[40)]

1948년 수립된 북한정권은 소련의 사회주의체제를 모방해 일당지배체제, 국유, 그리고 계획경제체제를 도입하였다. 북한체제는 구소련을 중심으로 한 사회주의체제의 보편성과 북한만의 독특한 특수성을 가지고 있다.

사회주의체제의 보편성이란 사회주의국가가 가지고 있는 국가주도 경제운영, 당우위체제 등을 의미한다. 그리고 북한체제의 특수성이란 수령중심체제와 3대 권력세습방식 등을 말한다. 북한체제는 다음과 같은 몇 가지 특징을 가지고 있다.

가) 수령독재체제

북한체제는 주체사상을 통치이념으로 하는 수령독재체제이자 노동당이 지배하는 일당독재체제이다. 1970년 이전의 북한은 다른 사회주의국가와 같이 마르크스 · 레닌주의를 통치이념으로 삼았다.

1970년 11월 제5차 노동당대회를 계기로 마르크스 · 레닌주의와 함께 주체사상이 노동당의 통치이념으로 정해졌다. 그러다가 1980년 제6차 당대회에서 주체사상을 북한만의 특수한 통치이념이라고 선언하였고, 주체사상이 수령독재체제의 핵심이 되었다.

이후 2012년과 2016년에 개정된 노동당규약에서 노동당의 성격을, 김일성 · 김정일주의를 유일한 지도자상으로 하는 주체의 혁명적 당으로 규정하였다. 북한에서 당은 수령을 중심으로 하는 정치조직이다. 그래서 북한은 수령의 유일적 영도아래 지배받는 전체주의적 독재체제이다.

수령은 김일성, 김정일, 김정은 이 셋에게만 주어지는 호칭이다. 1994년 김일성이 사망하고 김정일체제가 1998년에 공식 출범한 이후에도 김일성을 영원한 수령으로 불렀다. 2011년 김정일 사망 후 김정은체제가 성립한 이후에는 김일성, 김정일을 수령이라고 함께 불렀다.

2016년 개정헌법에서 김일성과 김정일을 함께 영원한 수령으로 표기했다. 2016년 노동당 제7차대회에서 김정은을 위대한 영도자라고 불렀으며, 이때부터 김정은은 김일성, 김정일과 같은 수령의 지위를 가지게 되었다.

나) 중앙집권적 계획경제체제

다른 사회주의국가와 같이 북한경제체제의 특징은 생산수단을 국가와 사회협동단체가 소유하는 계획경제체제이다. 다시 말해,

북한은 생산수단을 국가와 사회협동단체가 소유하는 사회주의적 소유방식을 채택하고 있다.

하지만 북한에서도 제한적이지만 개인소유가 인정되고 있다. 북한주민이 개인적으로 소유할 수 있는 것은 주민이 받는 임금, 저축, 생필품 등이다. 주민은 개인소유물을 자유롭게 처분할 수 있고 상속도 할 수 있다. 또한 북한의 시장격인 장마당과 수매기관에서 개인소유물을 거래할 수 있다.

북한에서 시행되고 있는 계획경제체제는 중앙정부의 지시에 따라 운영되고 있다. 경제계획 수립이나 경제관련 의사결정은 모두 중앙의 지시에 따라 이루어지고 있으며 하부조직은 중앙의 명령에 복종하도록 되어 있다. 그래서 북한의 경제체제를 중앙집권적 계획경제체제라고 한다.

북한경제는 국가계획위원회를 중심으로 일원화되어 있다. 이 위원회는 노동당의 노선과 정책을 기반으로 경제 전반의 계획을 종합적으로 수립하며 각 부서에 이 계획을 집행하도록 지시한다. 북한의 계획경제는 노동당의 요구에 맞추어 운영되고 통제되고 있다.

그런데 1990년대 심각한 경제난을 겪는 과정에 계획경제가 정상적으로 작동하지 못했다. 이 경제난을 경험한 이후 북한은 공장과 기업소를 단위로 독립채산제 경영방식을 도입했다. 주민은 자생적으로 등장한 장마당과 암시장 등에 의존해 살아가야 했다.

이러한 힘든 상황을 이겨내고자 북한은 2002년 경제관리개선조치(7.1조치)[41]를 시행하게 되었다. 이후 계획경제의 핵심인 국가배

급제가 축소되었다. 주민이 시장과 상점에서 생필품을 자체 구입하도록 했다. 이것은 중앙집권적 계획경제체제에 자본주의적 시장경제요소를 일부 도입한 것이라 할 수 있다.

하지만 2009년 화폐개혁을 단행해 시장경제의 확산을 막으려고 했고, 시장에 대한 통제가 엄격해졌다. 이러한 통제가 주민의 경제상황을 더욱 악화시켰고, 주민의 불만을 증대시키는 결과를 가져왔다. 그래서 2010년부터 다시 시장을 사실상 인정해 주고 있으며, 외환사용도 묵인하고 있다고 한다.

다) 사회주의 대가정체제

또 하나의 북한체제 특징은 수령을 어버이로 하는 사회주의 대가정체제이다. 이것은 다른 사회주의국가에서는 찾아볼 수 없는 것으로서, 수령숭배와 무조건적 충성을 요구하는 논리로 작용하고 있다. 주민의 권리와 의무는 집단주의원칙에 기반을 두고 있다. 북한사회에서 개인의 목표가치보다 집단의 목표가치를 더 우위에 두고 있다.

북한에는 두 종류의 가정이 존재한다고 한다. 하나는 일반적인 가정이고, 다른 하나는 수령을 어버이로 하는 사회주의 대가정이다. 이 사회주의 대가정의 가족구성원인 주민은 일반적인 가정에서 자녀가 부모를 공경하듯이 어버이수령을 공경하고 충성을 다해야 한다고 한다. 아직도 유교적 관습이 많이 남아있는 북한에서 사회주의 대가정체제는 수령과 주민을 하나로 묶는 방식으로 알려지고 있다.

김정일이 사망하고 김정은시대가 오자 지금까지 북한체제를 공고히 하는데 핵심역할을 하던 사회주의 대가정론이 점점 느슨해지고 있다. 1990년대 극심한 경제난을 겪은 후 출신성분과 계급을 기반으로 운영되던 사회구조가 경제적 이해관계를 중심으로 작동하는 현상이 점점 많이 나타나고 있다.

위에서 북한체제의 특징을 세 가지로 나누어 살펴보았다. 탈냉전 이후 동구 사회주의국가가 일당독재체제를 버리고 다당제를 기초로 하는 민주주의체제를 도입했는데, 아직도 북한은 일당지배하의 수령독재체제를 고수하고 있다.

경제체제도 마찬가지이다. 사적 소유를 기본으로 하는 자본주의 경제체제가 대세인데도 북한은 중앙집권적 계획경제체제를 유지하고 있다. 또한 사회주의 대가정체제가 지금도 존재하고 있다는 것이 이상하고 신기하다.

수령독재체제를 약화시키거나 없앨 경우, 중앙집권적 계획경제체제를 포기할 경우 그리고 사회주의 대가정제를 유지하지 못할 경우, 북한체제는 순식간에 붕괴해 버릴 가능성이 크다. 그렇기 때문에 북한은 시대에 맞지 않는 비정상적 체제를 유지하고 있다고 판단된다.

우리는 이러한 경직되고 낡은 북한체제를 변화시킬 수 있는 방안을 찾을 필요가 있다. 북한과의 지속적인 접촉과 대화 그리고 교류와 협력이 하나의 방안이 될 수 있을 것이다.

미주

1) YTN뉴스, 2016. 9.15. 민주평화통일자문회의가 리서치앤리서치에 의뢰해 전국 성인 남녀 일천 명을 대상으로 설문조사한 결과이다.

2) 한반도에 2국가, 2체제를 유지하면서 이루는 통일을 의미한다.

3) 성장환, 『통일과 북한으로의 산책』, 교육과학사, 2014, pp.12-13.

4) 위의 책, p.16.

5) 김학준, 『한국전쟁』, 박영사, 1989, pp.10-13.

6) 당시 일본의 패전이 초읽기에 몰려있었고 또 원자탄이 미국에서 개발되었다. 그래서 소련군의 개입이 필요하지 않았음에도 미국은 일본 군사력을 지나치게 높이 평가함으로서 소련이 한반도에 진입하는 길을 마련해 주었다.

7) 김학준, 앞의 책, pp.28-29.

8) 위의 책, pp.29-30.

9) 위의 책, p.32.

10) 위의 책, pp.46-47.

11) 권영걸 외, 『꼭 알아야 할 통일 북한 110가지』, 평화문제연구소, 2011, p.23.

12) 위의 책, p.23.

13) 1950년 1월 미국 국무장관 애치슨이 소련과 중공의 공산화를 막기 위해 동아시아지역의 미국 방위선을 일본과 필리핀을 연결하는 선(애치슨라인)으로 한다는 것이었다. 미국의 극동 방위선에서 한국과 대만을 제외시킴으로서 한국전쟁의 빌미를 주었다는 주장이 있다.

14) 위의 책, p.24.

15) 한국정치외교사학회 편, 『한국현대사의 재조명: 1945~1980년대의 정치 · 외교분석』, 대왕사, 1990.

16) 통일부 통일교육원, 『2016 통일문제 이해』, 통일교육원, 2015. pp.105-106.

17) 위의 책. p.106.

18) 위의 책, p.106.

19) 위의 책, p.114.

20) 위의 책, p.116.

21) 개성공단 3통은 통행, 통신, 통관을 의미한다.

22) 위의 책, p.118.

23) 위의 책, p.151.

24) 2010년 천안함 피격 후 북한의 책임있는 조치를 받아내기 위해 북한과 인적 · 물적 교류를 잠정적으로 중단한 조치를 말한다.

25) 통일부 통일교육원, 앞의 책, pp.215-216.

26) 위의 책, pp.146-153.

27) 통일부 통일교육원, 앞의 책, p.160.

28) 위의 책, p.186.

29) 성장환, 앞의 책, p.74.

30) 위의 책, p.75.

31) 백장현,『통일코리아로 가는 길』, 새터, 2016, pp.56-57.

32) 성장환, 앞의 책, pp.72-73.

33) 성장환 "학교통일교육의 활성화 방안,"「초등도덕교육」, 제21집, 2006, pp.278-283.

34) 성장환, 앞의 책, pp.76-79.

35) 위의 책, pp.79-82.

36) 백장현, 앞의 책, pp.196-197.

37) 위의 책, pp.198-199.

38) 한화 7조 3천억 원을 미화로 계산하면 약 62억 5천만 달러정도가 된다. 연합뉴스 TV, 2016. 6.15.

39) 성장환, 앞의 책, pp.22-24.

40) 통일부 통일교육원,『2017 북한 이해』, 통일교육원, 2016, pp.14-20.

41) 7.1조치의 핵심내용은 다음과 같다. 첫째, 가격을 인상해 농민시장 수준으로 현실화 시켰다. 둘째, 임금을 대폭 인상했다. 셋째, 기업의 자율성과 책임을 강화했다. 넷째, 경제계획의 기능을 중앙정부에서 지방정부와 기업에 일부 이관했다.

참고문헌

강동완 외, 『한류, 통일의 바람』, 명인문화사, 2012.

강명세, "아시아에서의 "좋은 민주주의": 권위주의, 민주주의 그리고 좋은 민주주의, 복지국가", 「비교민주주의연구」, Vol.10 No.1, 2014.

강석찬, 『민주주의의 이상과 현실』, 건국대 출판부, 2005.

강원택, 『대통령제, 내각제와 이원정부제』, 인간사랑, 2006.

강정인, "민주주의의 한국적 수용", 「한국정치학회보」, Vol.34 No.2, 2000.

강정인 외, 『왜 대의민주주의인가』, 이학사, 2011.

고병권, 『민주주의란 무엇인가』, 그린비, 2011.

고성준 편저, 『학교 통일교육의 새로운 이해』, 오름, 2012.

권영걸 외, 『꼭 알아야 할 통일 북한 110가지』, 평화문제연구소, 2011.

기든스 저, 한상진 · 박찬욱 역, 『제3의 길』, 책과 함께, 2014.

김만권, 『참여의 희망: 광장에서 민주주의를 만나다』, 한울, 2009.

김명호 외, 『한반도 통일과 북한사회의 이해』, 청람, 2012.

김비환, "아시아에서의 "좋은 민주주의": 좋은 민주주의의 조건들: 가치, 절차, 목적, 관계 그리고 능력", 「비교민주주의연구」, Vol.10 No.1, 2014.

김석우 외, 『통일은 빠를수록 좋다』, 기파랑, 2010.

김영명, 『고쳐 쓴 한국현대정치사』, 을유문화사, 1998,

김영수, "민주주의 이행기 국가권력의 민주적 사회화 모델 모색", 「민주주의와 인권」, Vol.14 No.3, 2014.

김영하, 『새터민을 통해 본 남북한 사회 그리고 통일』, 경북대 출판부, 2011.

김영호 외, 『대북정책의 이해: 상호주의 실현을 위한 성찰과 과제』, 명인문화사, 2010.

김용대 외, 『북한의 이해와 통일』, 경상대학교 출판부, 2011.
김재영, 『정치학개론』, 박영사, 1990.
김진향 외, 『개성공단 사람들』, 내일을 여는책, 2015.
김창근, 『다문화주의와 만난 한반도 통일론』, 교육과학사, 2013.
김태환, 『다문화사회와 한국 이민정책의 이해』, 돌베개, 2015,
김호진, 『한국정치체제론』, 박영사, 1992.
김희민 외, 『민주주의와 리더십 이야기』, 오름, 2016.
렉스 저, 김영희 역, 『민주주의 이야기』, 행성비, 2016,
로크 저, 마도경 역, 『시민정부론』, 다락원, 2009.
몽테스키외 저, 하재홍 역, 『법의 정신』, 동서문화사, 2007.
박길남, 『빗물이 흘러 강이 되는 다문화』, 북스타, 2014.
박명규, "다문화주의와 남북관계: 이론적 쟁점과 현실", 「국제이해교육연구」, 제4권 2호, 2009.
박은숙 외, 『북한이탈주민의 이해』, 나눔의 집, 2009.
박의경, "참여민주주의의 지속가능성에 대한 고찰", 「민주주의와 인권」, Vol.14 No.1, 2014.
박홍원, "탈정치화 시대의 미디어와 민주주의, 「한국방송학보」, Vol.30 No.5, 2016.
방인혁, 손호철, "내재적 접근법에 기초한 북한의 민주주의론 연구", 「민주주의와 인권」, Vol.13 No.2, 2013.
법무부, 출입국외국인정책 통계월보, 2016년 12월호.
배한동 외, "북한이주민의 지역사회 적응실태 분석을 통한 통일교육 자원활용 가능성 연구", 「한국동북아논총」, 제36집, 2005.
백낙청, 『흔들리는 분단체제』, 창작과비평사, 1998.
성장환, "우리나라 이민정책의 형성과 전개과정", 「초등교육연구논총」, 32권 1호.
성장환, 『통일과 북한으로의 산책』, 교육과학사, 2014.
성장환, "학교통일교육의 활성화 방안", 「초등도덕교육」, 제21집, 2006.
세종연구소 북한연구센터, 『북한의 당, 국가기구, 군대』, 한울, 2011.
손석춘, 『무엇을 할 것인가: 민주주의와 주권을 바로세우는 12개념』, 시대의창,

2014.
신명순, 『비교정치』, 박영사, 1999.
신진욱, "한국에서 결손민주주의의 심화와 '촛불'의 시민정치", 「시민과세계」, No.29, 2016.
신창민, 『통일은 대박이다』, 매일경제신문사, 2012.
안문석, 『이제 만나러 갑니다』, 인물과사상사, 2013.
안순철, 『선거체제비교』, 법문사, 1998.
양정윤, "정당민주주의와 한국 정당제도의 개선방안", 「헌법연구」, Vol.3 No.1, 2016.
오경석, 『한국에서의 다문화주의: 현실과 쟁점』, 한울, 2008.
오기성, "인문학의 관점에서 본 통일교육", 「통일문제연구」, Vol.28 No.1, 2016.
에버라드 저, 이재만 역, 『영국 외교관, 평양에서 보낸 900일』, 책과함께, 2014.
외교부, 『2014 외교백서』, 외교부, 2014.
유네스코 아시아 태평양 국제이해교육원 엮음, 『다문화사회의 이해』, 동녘, 2008.
윤여상, "남북한 협력시대 북한이탈주민의 역할과 사회적응", 「한국동북아논총」, 제6권 4호, 2001.
이극찬, 『정치학』, 법문사, 2005.
이문조, 『Demos와 Kratos』, 한국정치발전연구원, 1998.
이상우, 『우리가 바라는 통일』, 기파랑, 2007.
이수혁, 『북한은 현실이다』, 21세기북스, 2011.
이윤생, 『준비된 통일 대박의 조건』, 포럼, 2014.
이종석, 『분단시대의 통일학』, 한울, 1998.
이종석, 『통일을 보는 눈』, 개마고원, 2012.
이태진 외, 『12시간의 통일 이야기』, 민음사, 2011.
임현진 외, 『21세기 통일한국을 향한 모색: 분단과 통일의 변증법』, 서울대 출판부, 2006.
장동진, 『심의민주주의: 공적 이성과 공동선』, 박영사, 2012.
장선화, "한국 정당민주주의의 제도적 특징과 개혁 과제", 「평화연구」, Vol.23

No.1, 2015.
장은주, "민주주의라는 삶의 양식과 그 인간적 이상 : 한국 민주주의의 민주화라는 과제와 관련하여", 「사회와 철학」, No.27, 2014.
전경수, 『통일사회의 재편과정: 독일과 베트남』, 서울대 출판부, 1995.
전재성, "한반도 통일에 관한 이론적 고찰", 「통일과 평화」, 창간호, 2009.
전재영, "다문화시대의 통일교육 패러다임 탐색", 「동포논총」, 제10권, 2011.
정기선 엮음, 『한국 이민정책의 이해』, 백산서당, 2011.
정병기 외, 『통일한국의 정치제도』, 늘품플러스, 2015.
정용길, 『독일 1990년 10월 3일』, 동국대 출판부, 2009.
정용하, "한국자유민주주의에서 민주주의 결핍에 대한 지표적 분석 : 박근혜정부의 전반시기를 중심으로", 「한국민족문화」, Vol.58, 2016.
조기숙 외, 『한국 민주주의 어디까지 왔나: 성과와 과제』, 인간사랑, 2012.
조용상 편저, 『정치학의 이해』, 법문사, 2013.
주성하, 『김정은의 북한, 어디로 가나』, 기파랑, 2012.
진수진, 『도이칠란드의 통일』, 집문당, 1995.
채진원, "민주주의의 사회적 기반", 「민주주의와 인권」, Vol.11 No.3, 2011.
최장집, 『민주화 이후의 민주주의: 한국민주주의의 보수적 기원과 위기』, 후마니타스, 2010.
최장집 외, 『어떤 민주주의인가: 한국민주주의를 보는 하나의 시각』, 후마니타스, 2013.
최충옥 외, 『다문화교육의 이론과 실제』, 양서원, 2009.
최한수, 『한국정치의 이해』, 건국대 출판부, 1999.
추병완 외, 『통일교육』, 하우, 2002.
플라톤 저, 이환 역, 『국가론』, 돋을새김, 2014.
통일부, 『2013 통일백서』, 통일부, 2013.
통일부 통일교육원, 『2008~2017 통일문제 이해』, 통일교육원.
통일부 통일교육원, 『2008~2017 북한 이해』, 통일교육원.
한배호, 『자유를 향한 20세기 한국정치사』, 일조각, 2009.
한완상, 『한반도는 아프다』, 한울, 2013.

함규진, “통일운동과 통일교육을 위한 통일 당위성에 대한 연구”, 「통일인문학」, Vol.68, 2016.

홍재우, “합의제 민주주의는 다수제 민주주의보다 우월한가?”, 「비교민주주의 연구」, Vol.6 No.1, 2010.

한국국민윤리학회 편, 『현대사회와 윤리』, 형설출판사, 2006.

교육부 학생복지정책과 보도자료, 2016. 2.19.

아산정책연구원, “신뢰위기와 한국사회”, 우정엽, 강충구의 글, 2016. 8.30.

서울신문, “한국 저신뢰사회”, 2016. 10.16.

Elcott, D. M., “Can Democracy Survive Democracy?”, *Public Administration Review*, Vol.74 No.4, 2014.

Frey, K., “Democracy at Work: A Cure for Capitalism, *Socialism and Democracy*, Vol.27 No.2, 2013.

Fukuyama, F., “Democracy and the Quality of the State”, *Journal of Democracy*, Vol.24 No.4, 2013.

Hwang, Jihwan, “The Paradox of South Korea's Unification Diplomacy”, *International Journal of Korean Unification Studies*, Vol.23 No.1, 2014.

Miller, Michael K., “Democracy by Example? Why Democracy Spreads When the World's Democracies Prosper”, *Comparative Politics*, Vol.49 No.1, 2016.

Plattner, Marc F., “Is Democracy in Decline?”, *Journal of Democracy*, Vol.26 No.1, 2015.

Sheen, Seong-ho, “Dilemma of South Korea's Trust Diplomacy and Unification Policy”, *International Journal of Korean Unification Studies*, Vol.23 No.2, 2014.

찾아보기

ㅇ

ㅈ

| 지은이 소개 |

성 장 환 (成章煥)

대구교육대학교 윤리교육과 교수(현)

경북대학교 정치외교학과 졸업
미국 뉴올리언스대학교 대학원 졸업(정치학석사)
경북대학교 대학원 졸업(정치학박사)
뉴올리언스대학교 정치학과 객원교수(전)
경북대학교 강사(전)

저역서
『통일과 북한으로의 산책』(저), 『북한과 통일의 이해』(공저),
『현대사회와 윤리』(공저), 『우리시대와 윤리』(공저),
『정치학의 이해』(공저), 『현대지방의회론』(공저),
『라틴 아메리카』(역), 『여성과 정치개혁』(공역),
『연구방법』(공역), 『학습동기』(공역) 등

민주주의, 통일에 말 걸기

2017년 1월 25일 1판 1쇄 인쇄
2017년 1월 31일 1판 1쇄 발행

지은이: 성 장 환
펴낸이: 한 정 주
펴낸곳: 교육과학사

경기도 파주시 광인사길 71
전화: (031) 955-6956~8 팩스: (031) 955-6037
Home-page: www.kyoyookbook.co.kr / E-mail: kyoyook@chol.com
등록: 1970년 5월 18일 제2-73호

정가 10,000원

ISBN 978-89-254-1165-1
Printed in Korea.